# DER HIMMEL (II)

„Und die zwölf Tore waren zwölf Perlen,
je eines der Tore war aus einer Perle,
und die Straße der Stadt reines Gold,
wie durchsichtiges Glas.“
(Offenbarung 21,21)

# DER HIMMEL (II)

*Erfüllt von der Herrlichkeit Gottes*

## DR. JAEROCK LEE

URIM
BOOKS

# DER HIMMEL (II): von Dr. Jaerock Lee

Veröffentlicht von Urim Books (Vertreten durch Seongnam Vin)
361-66, Shindaebang-Dong, Dongjak-Gu, Seoul, Republik Korea
www.urimbooks.com

Alle Schriftstellenzitate sind, wenn nicht anders angegeben, der Revidierten Elberfelder Bibel entnommen.

ISBN: 978-89-7557-745-1, ISBN: 978-89-7557-681-2(set)

*Erste Ausgabe: März 2009*
*Zweite Ausgabe: Mai 2013*

Ursprünglich 2002 auf Koreanisch veröffentlicht von Urim Books, Seoul, Korea

Original bearbeitet von Geumsun Vin
Design: Redaktionsbüro von Urim Books
Druck: Yewon Printing Company
Für weitere Informationen: urimbook@hotmail.com

# VORWORT

Ich bete, dass Sie ein echtes Kind Gottes werden und dadurch die wahre Liebe im ewigen Glück sowie die Freude im neuen Jerusalem miterleben können, wo die Liebe Gottes überfließt...

Ich danke Gott, dem Vater, und gebe Ihm alle Ehre, denn Er hat mir das Leben im Himmel klar und deutlich geoffenbart und uns so gesegnet, dass wir zunächst das Buch, *Der Himmel (I): So Glänzend und Wunderschön wie Kristall,* veröffentlichen konnten und nun auch dieses Buch, *Der Himmel (II): Erfüllt von der Herrlichkeit Gottes,* herausbringen können.

Ich hatte mich danach gesehnt, mehr Einzelheiten über den Himmel zu erfahren und betete und fastete lange dafür. Nach sieben Jahren erhörte Gott meine Gebete. Heute offenbart Er größere Geheimnisse über den geistlichen Bereich.

Im ersten Teil des zweiteiligen Buches über den Himmel, hatte ich kurz die verschiedenen Wohnstätten im Himmel beschrieben und sie in das Paradies, das erste, zweite und dritte Königreich sowie in das neue Jerusalem eingeordnet. Im zweiten

Teil werden die allerschönsten und herrlichsten Wohnstätten im ganzen Himmel, nämlich die im neuen Jerusalem, noch viel stärker im Detail beschrieben.

Unser Gott, der die Liebe in Person ist, zeigte dem Apostel Johannes das neue Jerusalem und erlaubte ihm, dies in der Bibel festzuhalten. Heute, da Jesu Wiederkehr so kurz bevorsteht, gießt Gott Seinen Heiligen Geist auf zahlreiche Menschen aus und offenbart den Himmel in unzähligen Einzelheiten. Der Grund dafür ist, dass dadurch überall auf der Welt Ungläubige zum Glauben an ein Leben nach dem Tod entweder im Himmel oder in der Hölle kommen und dass diejenigen, die ihren Glauben an Christus bekennen, ein siegreiches Leben in Ihm führen und hingehen, um das Evangelium auf dem gesamten Globus zu verbreiten.

Deshalb ermahnte der Apostel Paulus, der für die Verbreitung des Evangeliums unter den Nationen verantwortlich war, seinen geistlichen Sohn Timotheus: *„Du aber musst in jeder Hinsicht ein klares Urteil behalten. Mach dir nichts daraus, wenn du dafür leiden musst. Erfülle deinen Auftrag als Verkünder der Guten Nachricht; tu deinen Dienst mit ganzer Hingabe."* (2. Timotheus 4,5, GN).

Gott offenbarte mir den Himmel und die Hölle klar und deutlich, damit ich davon auch in der Zukunft überall in der

Welt berichten würde. Gott möchte, dass alle Menschen die Errettung empfangen. Er will nicht, dass auch nur eine einzige Seele in der Hölle landet. Und noch mehr wünscht sich Gott, dass so viele Menschen wie nur irgend möglich ins neue Jerusalem kommen, um dort in Ewigkeit zu leben.

Darum sollte niemand diese von Gott geschenkten Botschaften verurteilen, die unter der Eingebung des Heiligen Geistes offenbart worden sind.

In *Der Himmel (II)* werden Sie eine große Anzahl von Geheimnissen über den Himmel erfahren, wie zum Beispiel über die Erscheinung Gottes, der schon vor Beginn der Zeit existierte, oder auch über den Thron Gottes und so weiter. Ich glaube, dass solche Einzelheiten und Berichte all den Menschen, die sich ernsthaft nach dem Himmel sehnen, sehr viel Freude und Glück bescheren werden.

Diese Stadt, das heißt das neue Jerusalem, dass mit der unermesslich großen Liebe und erstaunlichen Kraft Gottes gebaut wurde, ist mit Seiner Herrlichkeit erfüllt. Im neuen Jerusalem ist der geistliche Gipfel, der Punkt, an dem Gott sich selbst in die Dreieinigkeit teilte, um die Menschen schaffen und aufziehen zu können. Auch der Thron Gottes selbst ist dort. Können Sie sich vorstellen, wie prächtig, schön und hell dieser ganze Ort sein muss? Er ist so fantastisch und heilig, dass man es sich nie richtig mit menschlicher Weisheit allein ausmalen könnte!

Ihnen muss daher klar sein, dass nicht alle, die errettet werden, mit dem Eintritt ins neue Jerusalem belohnt werden. Es sind vielmehr nur diejenigen Kinder Gottes, deren Herzen nach einer langen Zeit der Beschneidung auf der Erde rein und kristallhell daraus hervorgegangen sind.

Mein besonderer Dank gilt Geumsun Vin, der Büroleiterin des Herausgebers, ihren Mitarbeitern und den Übersetzern.

Ich lobe den Namen des Herrn Jesus und bete, dass jeder, der dieses Buch liest, ein echtes Kind Gottes wird und in Ewigkeit teilhat an der echten Liebe Gottes, am Glück und an der Freude im neuen Jerusalem, das von Seiner Herrlichkeit erfüllt ist!

*Jaerock Lee*

#  EINLEITUNG

Ich hoffe, dass Sie gesegnet werden, wenn Sie nun herrliche Einzelheiten über das neue Jerusalem herausfinden, und dass Sie in Ewigkeit im Himmel leben werden – und zwar so nahe, wie nur irgend möglich am Thron Gottes...

Mein ganzer Dank gilt Gott, dem ich alle Ehre gebe, denn Er hat uns damit gesegnet, das Buch *Der Himmel (I): So Glänzend und Wunderschön wie Kristall* und nun auch den zweiten Band, *Der Himmel (II): Erfüllt von der Herrlichkeit Gottes*, zu veröffentlichen.

Dieses Buch besteht aus neun Kapiteln. Jedes einzelne davon enthält eine klare Beschreibung der Größe, der Pracht und des Lebens an der heiligsten und schönsten Wohnstätte im Himmel, nämlich im neuen Jerusalem.

Kapitel 1. „Das neue Jerusalem: Erfüllt von der Herrlichkeit Gottes." Hier gibt es einen Überblick über das neue Jerusalem. Es erklärt Geheimnisse über den Thron Gottes und den Gipfel des geistlichen Bereiches, an dem sich Gott in die Dreieinigkeit aufgeteilt hat.

Kapitel 2. „Die Namen der zwölf Stämme und der zwölf Apostel." Hier wird das äußere Erscheinungsbild des neuen Jerusalem erläutert. Die Stadt ist von enorm hohen Mauern umgeben und die Namen der zwölf Stämme Israels sind in die zwölf Tore auf den vier Seiten eingraviert. In den zwölf Grundsteinen der Stadt sind die Namen der zwölf Apostel eingeschrieben. Der Grund und die Bedeutung dieser Inschriften werden hier erklärt.

Kapitel 3. „Die Größe des neuen Jerusalems." Sie werden das Erscheinungsbild und die Dimensionen des neuen Jerusalems entdecken. In diesem Kapitel wird erklärt, warum Gott die Maße des neuen Jerusalem mit dem goldenen Rohr misst und dass man, um in die Stadt hinein gehen und dort wohnen zu können, alle nötigen geistlichen Qualifikationen haben muss, die ebenfalls mit dem goldenen Rohr bemessen werden.

Kapitel 4. „Aus reinem Gold und Edelsteinen in allen möglichen Farben." Hier werden die Einzelheiten der Materialien, aus dem das neue Jerusalem gebaut ist, untersucht. Die gesamte Stadt ist mit reinem Gold und vielen kostbaren Steinen dekoriert. Das Kapitel beschreibt die Schönheit ihrer Farben, ihr Glitzern und die Lichter. Des Weiteren wird in diesem Kapitel die Wichtigkeit von geistlichem Glauben deutlich, denn das Kapitel erläutert Gründe, warum Gott die Mauern der Stadt mit Jaspis geschmückt hat und warum das gesamte neue Jerusalem mit reinem glasklarem Gold ausgestattet ist.

Kapitel 5. „Die Bedeutung der zwölf Grundsteine." Hier erfahren Sie etwas über die Mauern vom neuen Jerusalem, dass auf zwölf Grundsteinen errichtet ist, und über die Schönheit und die geistliche Bedeutung von Jaspis, Saphir, Chalzedon, Smaragd, Sardonyx, Sardis, Chrysolith, Beryll, Topas, Chrysopras, Hyazinth und Amethyst. Wenn man die geistliche Bedeutung der zwölf Edelsteine addiert, erkennt man das Herz Jesu Christi und das Herz Gottes. Das Kapitel ermutigt Sie, solch ein Herz zu entwickeln, wie es die zwölf Edelsteine symbolisch darstellen, damit Sie in diese Stadt, das neue Jerusalem, einkehren und für immer dort wohnen können.

Kapitel 6. „Die zwölf Perlentoren und die goldene Straße." Hier werden die Gründe, warum Gott die zwölf Tore aus Perlen gemacht hat, erläutert und was es bedeutet. Auch die geistliche Bedeutung der goldenen Straße, die wie durchsichtiges Glas ausschaut, wird untersucht. So, wie eine Muschel eine kostbare Perle produziert, nachdem sie große Schmerzen ertragen hat, ermutigt dieses Kapitel Sie dazu, auf die zwölf Tore des neuen Jerusalems zuzustürmen, indem Sie jegliche Schwierigkeiten und Prüfungen überwinden – und zwar im Glauben und voller

Hoffnung.

Kapitel 7. „Das charmante Spektakel." Hier werden Sie in das Innere der Stadtmauern vom neuen Jerusalem geführt, dass immerzu hell erleuchtet ist. Sie werden die geistliche Bedeutung der Aussage „Gott und das Lamm sind sein Tempel" lernen und dazu etwas über die Größe und Schönheit des Schlosses erfahren, in dem der Herr residiert. Auch die Herrlichkeit der Menschen, die in das neue Jerusalem einziehen werden, um dort die Ewigkeit mit dem Herrn zu verbringen, wird beleuchtet.

Kapitel 8. „Ich sah die heilige Stadt, das neue Jerusalem." Sie sehen das Haus einer Einzelperson – einer von vielen, die ihr Leben auf Erden in Treue und Heiligkeit geführt hat und ihre Belohnung im Himmel empfangen wird. Sie werden auch eine kurze Vorschau auf die vor uns liegenden glücklichen Tage im neuen Jerusalem bekommen, wenn Sie Einiges über die verschiedenen Dimensionen, die Pracht der himmlischen Häuser, die verschiedenen Anlagen und das Leben im Himmel im Allgemeinen lesen.

Kapitel 9. „Das erste Bankett im neuen Jerusalem." Das letzte Kapitel zeigt Ihnen das erste Mahl, dass im neuen Jerusalem nach dem Tag des Jüngsten Gerichtes gefeiert werden wird. Nach einer kurzen Vorstellung von einigen der Vorväter des Glaubens, die nahe am Thron Gottes leben, schließt *Der Himmel (II)* mit einem Segensgebet für jeden Leser, damit er oder sie ein Herz entwickelt, dass so rein und klar wie Kristall ist, damit er oder sie im neuen Jerusalem näher beim Thron Gottes leben wird.

Je mehr Sie über den Himmel erfahren, desto wunderbarer erscheint er. Das neue Jerusalem, das als „Kern" des Himmels bezeichnet werden könnte, ist der Ort, an dem Sie Gottes Thron finden werden. Wenn Sie von der Schönheit und der Herrlichkeit des neuen Jerusalems erfahren, werden Sie ganz sicher ernsthaft auf den Himmel hoffen und klare Vorstellungen über Ihr Leben in Christus haben.

Jetzt, da die Rückkehr Jesu ganz, ganz kurz bevorsteht (und bis dahin wird Er mit der Vorbereitung unserer Wohnstätten im Himmel fertig sein) hoffe ich, dass Sie sich ebenfalls auf das ewige Leben vorbereiten. Nutzen Sie die Veröffentlichung von *Der Himmel (II): Erfüllt von der Herrlichkeit Gottes* dazu.

Ich bete im Namen des Herrn Jesus, dass Sie in der Lage sein werden, nahe am Thron Gottes zu leben, indem Sie sich durch eine eifrige Hoffnung auf ein Leben im neuen Jerusalem heiligen und die Ihnen von Gott übertragenen Pflichten treu erfüllen.

**Geumsun Vin,**
Büroleiterin des Herausgebers

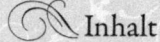

# Inhalt

# Kapitel 1

## Das neue Jerusalem:
## Erfüllt von der Herrlichkeit Gottes

*„Und er führte mich im Geist hinweg auf einen großen und hohen Berg und zeigte mir die heilige Stadt Jerusalem, wie sie aus dem Himmel von Gott herabkam, und sie hatte die Herrlichkeit Gottes. Ihr Lichtglanz war gleich einem sehr kostbaren Edelstein, wie ein kristallheller Jaspisstein."*

*- Offenbarung 21,10-11*

Der Himmel ist ein Bereich in der vierdimensionalen Welt, der von Gott, welcher Liebe und Gerechtigkeit verkörpert, regiert wird. Obwohl er für das bloße Auge nicht sichtbar ist, existiert der Himmel. Wie viel Glück, Freude, Dankbarkeit und Herrlichkeit muss es im Himmel wohl im Überfluss geben, denn er ist das schönste Geschenk, das Gott für Seine Kinder vorbereitet, die die Errettung erlangt haben!

Dennoch gibt es verschiedene Wohnstätten innerhalb des Himmels. Zum einen gibt es das neue Jerusalem, in dem sich Gottes Thron befindet; zum anderen gibt es dort auch das Paradies, wo diejenigen Menschen die Ewigkeit verbringen werden, die gerade noch so gerettet wurden. So, wie das Leben in einer Hütte und das Leben in einem Königsschloss hier auf

Erden sich stark unterscheiden, gibt es in der Herrlichkeit einen großen Unterschied zwischen dem Einzug ins Paradies und dem ins neue Jerusalem.

Nichtsdestotrotz denken einige Gläubige, der „Himmel" und das „neue Jerusalem" seien ein und dasselbe. Manch anderer weiß noch nicht einmal, dass es das neue Jerusalem gibt. Das ist wirklich schade! Es ist schon nicht leicht, den Himmel in Besitz zu nehmen, wenn man darüber Bescheid weiß. Wie will dann jemand ins neue Jerusalem vordringen, wenn er rein gar nichts darüber weiß!?

Darum offenbarte Gott das neue Jerusalem dem Apostel Johannes und ließ ihn darüber in der Bibel im Detail berichten. In der Offenbarung Kapitel 21 wird das neue Jerusalem genau erklärt und Johannes war schon sehr tief berührt, als er nur das Äußere betrachtete.

Er bekannte: *„[U]nd sie hatte die Herrlichkeit Gottes. Ihr Lichtglanz war gleich einem sehr kostbaren Edelstein, wie ein kristallheller Jaspisstein."*

Warum ist das neue Jerusalem von der Herrlichkeit Gottes erfüllt?

## Im neuen Jerusalem ist der Thron Gottes

Im neuen Jerusalem ist der Thron Gottes. Wie sehr muss wohl das neue Jerusalem von Herrlichkeit erfüllt sein, wo doch Gott selbst dort wohnt?

Das ist der Grund, warum die Menschen dort Gott Tag und Nacht Ehre und Dank entgegenbringen, so wie es in Offenbarung 4,8 geschrieben steht. *„Und die vier lebendigen Wesen hatten, eines wie das andere, je sechs Flügel und sind*

*ringsum und inwendig voller Augen, und sie hören Tag und*
*Nacht nicht auf zu sagen: Heilig, heilig, heilig, Herr, Gott,*
*Allmächtiger, der war und der ist und der kommt!"*

Das neue Jerusalem wird auch die „Heilige Stadt" genannt,
denn sie wird neu gemacht durch das Wort Gottes, der treu und
unschuldig, ja das Licht ist. In Ihm gibt es keine Finsternis.

Jerusalem ist der Ort, wo Jesus, der im Fleisch gekommen
war, um der gesamten Menschheit den Weg zur Errettung zu
zeigen, das Evangelium predigte und das Gesetz in Liebe erfüllte.
Darum baute Gott ein neues Jerusalem als einen Ort, an dem alle
Gläubigen, die das Gesetz in Liebe erfüllen, einst werden bleiben
können.

**Gottes Thron ist in der Mitte des neuen Jerusalems**

Wo genau im neuen Jerusalem befindet sich der Thron
Gottes? Eine Antwort gibt ER uns in der Offenbarung 22,3-4:

> *Und keinerlei Fluch wird mehr sein; und der Thron*
> *Gottes und des Lammes wird in ihr sein; und seine*
> *Knechte werden ihm dienen, und sie werden sein*
> *Angesicht sehen; und sein Name wird an ihren Stirnen*
> *sein.*

Der Thron Gottes steht in der Mitte des neuen Jerusalem und
nur die, die dem Wort Gottes als gehorsame Diener gehorchen,
dürfen dort einkehren und das Angesicht Gottes erblicken.

Den Grund dafür hat Gott für uns in Hebräer 12,14
festhalten lassen: „*Jagt dem Frieden mit allen nach und der*
*Heiligung, ohne die niemand den Herrn schauen wird*" und in

3

Matthäus 5,8 steht: *„Glückselig, die reinen Herzens sind, denn sie werden Gott schauen."*

Ihnen sollte daher klar sein, dass nicht jeder ins neue Jerusalem, wo Gottes Thron steht, hinein kommen kann, etwa so, wie hier auf dieser Welt nicht jeder in einen Raum oder ein Gebäude hinein darf, in dem sich der Präsident oder der König aufhält, um diesem persönlich zu begegnen.

Wie sieht der Thron Gottes aus? So viele sind der Meinung, er würde nur wie ein großer Sessel ausschauen. Aber dem ist nicht so. Im engeren Sinne steht er für die Sitzgelegenheit, auf der sich Gott niedergelassen hat, aber im weiteren Sinne, steht der „Thron" für die Residenz Gottes.

So bezieht er sich also auf den Wohnort Gottes. Um den Thron in der Mitte des neuen Jerusalem herum gibt es Regenbögen und die Throne der 24 Ältesten.

### Regenbögen und die Throne der 24 Ältesten

Man kann die Schönheit, Erhabenheit und Größe von Gottes Thron in der Offenbarung 4,3-6 spüren:

> *Und der da saß, war von Ansehen gleich einem Jaspisstein und einem Sardion, und ein Regenbogen war rings um den Thron, von Ansehen gleich einem Smaragd. Und rings um den Thron sah ich vierundzwanzig Throne, und auf den Thronen saßen vierundzwanzig Älteste, bekleidet mit weißen Kleidern, und auf ihren Häuptern goldene Siegeskränze. Und aus dem Thron gehen hervor Blitze und Stimmen und Donner; und sieben Feuerfackeln brennen vor dem Thron, welche die sieben Geister Gottes sind. Und vor dem Thron war es*

*wie ein gläsernes Meer, gleich Kristall; und inmitten des Thrones und rings um den Thron vier lebendige Wesen, voller Augen vorn und hinten.*

Viele Engel, ja alle himmlischen Heerscharen dienen Gott. Es gibt noch viele weitere geistliche Geschöpfe wie Cherubim und die vier lebenden Wesen, die Ihn abschirmen.

Vor dem Thron Gottes befindet sich auch das gläserne Meer. Dessen Anblick ist sehr schön. Viele Lichter strahlen aus dem Thron Gottes hervor und werden vom gläsernen Meer reflektiert.

Wie umgeben die 24 Ältesten den Thron Gottes? Zwölf von ihnen sind hinter dem Herrn und die anderen zwölf sind hinter dem Heiligen Geist. Diese 24 Ältesten sind geheiligte Individuen und haben das Recht vor Gott Zeugnis abzulegen.

Der Thron Gottes ist schön, prachtvoll und großartig – und zwar über alle menschlichen Vorstellungen hinaus.

### Der ursprüngliche Thron Gottes

In Apostelgeschichte 7,55-56 wird berichtet, wie Stephanus den Thron des Lammes auf der rechten Seite von Gottes Thron sah:

*Da er aber voll Heiligen Geistes war und fest zum Himmel schaute, sah er die Herrlichkeit Gottes und Jesus zur Rechten Gottes stehen; und er sprach: Siehe, ich sehe die Himmel geöffnet und den Sohn des Menschen zur Rechten Gottes stehen!*

Stephanus wurde zum Märtyrer; man steinigte ihn, während

er kühn die Gute Nachricht von Jesus Christus verkündigte. Kurz bevor Stephanus starb, wurden seine geistlichen Augen geöffnet und er konnte den Herrn sehen, wie er zur Rechten von Gottes Thron stand. Der Herr konnte nicht sitzen bleiben, denn er wusste, dass Stephanus bald durch die Juden, die seiner Predigt zugehört hatten, getötet werden würde. So erhob sich der Herr von Seinem Thron und vergoss Tränen, als Er mit ansah, wie Stephanus gesteinigt wurde. Stephanus sah diese Szene mit seinen geistlichen Augen, die ihm geöffnet worden waren.

So sah Stephanus auch den Thron Gottes, wo Gott und der Herr sich aufhalten. Ihnen sollte klar sein, dass dieser Thron sich von dem unterscheidet, den der Apostel Johannes im neuen Jerusalem sah.

Der Thron, den Stephanus sah, ist der Ort, an dem Gott bis zum Jüngsten Gericht sein wird; der, den Johannes sah, ist der Ort, an dem Gott nach dem Jüngsten Gericht regieren wird.

Früher war es so, dass wenn der König seinen Palast verließ, um das Land und die Leute zu besuchen, seine Bediensteten einen Ort bauten, der dem Palast eines Königs ähnelte und an dem der König sich dann zeitweilig aufhalten konnte. Ebenso ist der Thron Gottes im neuen Jerusalem nicht der Thron, an dem Gott sich gewöhnlich aufhält, sondern der, an den er sich kurzfristig begibt.

### Gott existierte allein als Licht

Gott existierte allein und erfüllte das gesamte Universum schon vor Beginn der Zeit (2. Mose 3,14; Johannes 1,1; Offenbarung 22,13). Damals war das Universum nicht das, was wir jetzt vorfinden. Es war ein einziger Ort, bevor die geistliche von der physischen Welt getrennt wurde. Gott existierte als

6

Licht und erhellte das gesamte Universum.

Er war nicht bloß ein Lichtstrahl, sondern existierte in so schönen Lichtern, die wie Wasser daher flossen und die Farben des Regenbogens hatten. Vielleicht können Sie sich das besser vorstellen, wenn Sie an die Aurora, das Licht am Nordpol, denken. Eine Aurora ist eine Gruppierung von verschiedenen Lichtern, die wie ein Vorhang auseinander gezogen sind. Es heißt, sie sieht so schön aus, dass keiner, der sie einmal erlebt hat, jemals wieder vergessen wird, wie schön sie aussah.

Wie viel schöner müssen wohl die Lichter Gottes sein – der selbst Licht ist? Und wie könnten wir hier wohl den Glanz von so vielen schönen, vermischten Lichtern beschreiben?

Darum steht auch in 1. Johannes 1,5: *„Und dies ist die Botschaft, die wir von ihm gehört haben und euch verkündigen: daß Gott Licht ist und gar keine Finsternis in ihm ist.“* Es heißt nicht nur, dass „Gott Licht ist", weil damit die geistliche Bedeutung ausgedrückt werden soll, dass es in Gott keine Finsternis gibt, sondern auch, um Gottes Erscheinung zu beschreiben, der schon vor dem Anfang als Licht existierte.

Dieser Gott, der vor Anbeginn der Zeit allein als Licht im Universum existierte, war erfüllt mit einer Stimme. Gott existierte als Licht, das eine Stimme hatte – und diese Stimme ist „das Wort", von dem es in Johannes 1,1 heißt: *„Im Anfang war das Wort, und das Wort war bei Gott, und das Wort war Gott.“*

## Die Braut des Lammes

Gott möchte, dass alle Menschen Sein Herz widerspiegeln und ins neue Jerusalem kommen. Dennoch erweist Er auch denen Seine Barmherzigkeit, die diese Ebene der Heiligung im

Laufe ihres Lebens als Menschen nicht erreichen. Er teilte das Königreich der Himmel in viele Wohnstätten, angefangen beim Paradies bis hin zum ersten, zweiten und dritten Königreich des Himmels und Er belohnt Seine Kinder entsprechend dem, was sie getan haben.

Gott belohnt Seine echten Kinder, die völlig geheiligt sind und in Seinem ganzen Hause treu waren, mit dem neuen Jerusalem. Er baute das neue Jerusalem, weil es an das irdische Jerusalem und an die Grundlage des Evangeliums erinnern und gleichzeitig als ein neuer Ort dienen sollte, der alles aufnehmen kann, was unter dem Gesetz der Liebe vollkommen geworden ist.

In der Offenbarung 21,2 können wir lesen, dass Gott das neue Jerusalem wunderschön vorbereitet hat. So erinnerte der Anblick der Stadt Johannes an eine für ihren Bräutigam wunderbar geschmückte Braut:

*Und ich sah die heilige Stadt, das neue Jerusalem, aus dem Himmel von Gott herabkommen, bereitet wie eine für ihren Mann geschmückte Braut.*

**Das neue Jerusalem – wie eine hübsche Braut geschmückt**

Gott bereitet im Himmel herrliche Wohnungen für die Braut des Herrn vor, das heißt für die, die sich gut vorbereiten, um ihren geistlichen Bräutigam, den Herrn Jesus, begrüßen zu können, nachdem sie ihre Herzen beschnitten haben. Der allerschönste Ort unter den ewigen Wohnstätten ist das neue Jerusalem.

Daher beschreibt die Offenbarung 21,9 das neue Jerusalem selbst als „*die Braut*" und „*die Frau des Lammes*", wobei es ja eigentlich nur für die tatsächliche Braut des Herrn so überaus schön dekoriert worden ist.

Wie entzückend muss das neue Jerusalem wohl sein, wo es doch das schönste Geschenk für die Braut des Herrn ist? Gott selbst, der die Liebe in Person ist, hat es ja vorbereitet! Die Menschen werden tief berührt sein, wenn sie in ihre jeweiligen Häuser kommen, die ihnen ihr liebevoller Gott gebaut hat – mit viel Liebe im Detail. Ja, Er hat jedes Haus vollkommen nach dem Geschmack des Besitzers eingerichtet.

Eine Braut dient ihrem Mann und bereitet einen ruhigen Ort für ihn vor. In diesem Sinne dienen auch die Häuser im neuen Jerusalem der Braut des Herrn und umarmen sie so praktisch. Dieser Ort ist so gemütlich und sicher, dass die Menschen einfach erfüllt sind von Glück und Freude.

Ganz egal wie gut eine Frau hier auf der Welt ihrem Mann dient, kann sie ihm dennoch weder vollkommenen Frieden oder totale Freude geben. Aber die Häuser im neuen Jerusalem können Frieden und Freude in einer Art und Weise verbreiten, wie dies die Menschen hier in dieser Welt nicht erleben können. Warum? Weil jene Häuser dort vollkommen nach den Geschmack des Besitzers eingerichtet sind. Diese Häuser werden schön und prachtvoll und zwar ganz individuell für den jeweiligen Besitzer gebaut, weil sie für diejenigen bestimmt sind, deren Herz dem Herzen Gottes ähnelt. Wie wunderbar und strahlend müssen sie wohl sein, da doch der Herr selbst der Bauherr ist!?

Wenn Sie tatsächlich an den Himmel glauben, werden Sie sich freuen bei dem Gedanken, dass so viele Engel die himmlischen Häuser aus Gold und Edelsteinen errichten und dabei Gottes Gesetz befolgen – in Bezug auf die Belohnungen für jeden Einzelnen entsprechend seiner Taten

Können Sie sich vorstellen wie glücklich und fröhlich das Leben im neuen Jerusalem sein muss, dass Ihnen dient und sie so in die Arme schließt wie eine Ehefrau?

### Himmlische Häuser sind entsprechend der Taten der jeweiligen Person dekoriert

Die Häuser im Himmel werden gebaut, seit der Herr auferstanden und in den Himmel aufgefahren ist. Und selbst jetzt wird noch an ihnen gearbeitet – und zwar entsprechend unserer Taten. So ist der Bau der Häuser für diejenigen, deren Leben hier auf der Erde zu Ende gegangen ist, schon abgeschlossen. Bei anderen ist das Fundament gelegt und für einige Häuser sind bisher nur die Säulen aufgestellt. Bei einigen anderen Häusern sind die Arbeiten schon fast abgeschlossen.

Wenn die Häuser im Himmel für alle Gläubigen fertig sind, wird Jesus, wie es in Johannes 14,2-3 steht, auf die Erde zurückkehren – nur dieses Mal in der Luft:

*Im Hause meines Vaters sind viele Wohnungen. Wenn es nicht so wäre, würde ich euch gesagt haben: Ich gehe hin, euch eine Stätte zu bereiten? Und wenn ich hingehe und euch eine Stätte bereite, so komme ich wieder und werde euch zu mir nehmen, damit auch ihr seid, wo ich bin.*

Die Entscheidungen für die jeweiligen himmlischen Wohnungen für die Erretteten werden beim Gericht vor dem weißen Thron getroffen.

Wenn der Besitzer in sein Haus kommt, nachdem die Entscheidung über seine Wohnstätte und die Belohnungen – nach dem Maß seines Glaubens – gefallen sind, wird das Haus in seinem ganzen Glanz erstrahlen. Warum? Nun, der Besitzer und das Haus bilden ein vollkommenes Paar, wenn der Besitzer in sein Haus hineingeht – etwa so wie wenn ein Mann und seine Frau ein Fleisch werden.

Wie sehr muss das neue Jerusalem wohl von der Herrlichkeit Gottes erfüllt sein, wo es doch den Thron Gottes beherbergt und wo viele Häuser für Gottes echte Kinder gebaut werden, die in Ewigkeit teilhaben werden an Seiner Liebe?

## Strahlend wie leuchtende Edelsteine und klar wie Kristall

Geführt vom Heiligen Geist stand der Apostel Johannes voller Staunen da, als er die Heilige Stadt, das neue Jerusalem erblickte. So konnte er nur noch Folgendes über die Lippen bringen:

> *Und sie hatte die Herrlichkeit Gottes. Ihr Lichtglanz war gleich einem sehr kostbaren Edelstein, wie ein kristallheller Jaspisstein* (Offenbarung 21,11).

So gab auch Johannes Gott die Ehre, als er auf das prächtige neue Jerusalem von dem Berggipfel herab blickte, auf den ihn der Heilige Geist geführt hatte!

## Das neue Jerusalem erstrahlt mit der Herrlichkeit Gottes

Was ist damit gemeint, wenn man sagt, dass das Licht im neuen Jerusalem, welches in der Herrlichkeit Gottes erstrahlt, so schön ist, wie ein *„kostbarer Edelstein, wie ein kristallheller Jaspisstein"?* Es gibt viele verschiedene Arten von Edelsteinen und sie haben unterschiedliche Namen – je nach ihren Bestandteilen und Farben. Um als edel bezeichnet zu werden, muss ein Stein eine sehr schöne Farbe haben. So deutet der Ausdruck „wie ein kostbarer Edelstein" auf vollkommene Schönheit hin. Der Apostel Johannes verglich das Licht im neuen Jerusalem mit dem eines Edelsteins, den jemand als wertvoll und schön bezeichnen würde.

Außerdem gibt es im neuen Jerusalem enorm schöne, ja grandiose, Häuser und es ist mit himmlischen Edelsteinen geschmückt, die in hinreißendem Licht erstrahlen. Man kann selbst dann, wenn man aus einer großen Entfernung auf die Stadt schaut, sehen, dass die Lichter wunderschön sind und glitzern. Bläulich-weiße Lichter, in denen sich viele andere Farben widerspiegeln, scheinen das neue Jerusalem zu umspielen. Wie beeindruckend und reizvoll muss dieser Anblick wohl sein?

In Offenbarung 21,18 lesen wir, dass die Mauern des neuen Jerusalems aus Jaspis bestehen. Anders als der lichtundurchlässige Jaspis hier auf Erden ist der Jaspis im Himmel von blauer Farbe. Er ist so schön und klar, dass man, wenn man hineinschaut, das Gefühl hat, man würde in klares Wasser blicken. Es ist nahezu unmöglich, die Schönheit seiner Farbe in Worte zu fassen oder mit den Farben von Dingen in dieser Welt zu vergleichen. Vielleicht kann man seine Farbe mit dem leuchtenden blauen Licht, das von sauberen Wellen reflektiert wird, vergleichen. Wir können seine Farbe nur als ein reines Blauweiß ausdrücken.

Jaspis repräsentiert die Eleganz und Klarheit Gottes sowie Seine „Gerechtigkeit", die makellos, klar und ehrlich ist.

Es gibt viele Arten von Kristallen. Im Bezug auf den Himmel bezieht sich „Kristall" auf farblose, transparente, harte Steine, die rein und klar wir sauberes Wasser sind. Klare, reine Kristalle werden schon von Alters her zur Dekoration verwendet, weil sie nicht nur klar und durchsichtig sind, sondern Licht auch auf eine wunderschöne Art und Weise reflektieren.

Kristall, das gar nicht so teuer ist, reflektiert Licht auf herrliche Art und Weise, so dass es in den Farben des Regenbogens erstrahlt. Außerdem hat Gott in Seiner Macht den Glanz der Herrlichkeit in die Kristalle im Himmel hineingelegt. Daher kann man sie nicht mit irdischen Dingen vergleichen. Der Apostel Johannes versuchte, die Schönheit, Klarheit und den Glanz des neuen Jerusalem mit Kristallen zu vergleichen.

Die heilige Stadt, das neue Jerusalem, ist erfüllt mit der wunderbaren Herrlichkeit Gottes. Wie prächtig und leuchtend schön muss das neue Jerusalem wohl sein, wo sich der Thron Gottes und der Gipfel befinden, auf dem Gott sich selbst in die Dreieinigkeit teilte?

# Kapitel 2

## Die Namen der zwölf Stämme und der zwölf Apostel

*„[U]nd sie hatte eine große und hohe Mauer und hatte zwölf Tore und an den Toren zwölf Engel und Namen darauf geschrieben, welche die der zwölf Stämme der Söhne Israels sind: Nach Osten drei Tore und nach Norden drei Tore und nach Süden drei Tore und nach Westen drei Tore. Und die Mauer der Stadt hatte zwölf Grundsteine und auf ihnen zwölf Namen der zwölf Apostel des Lammes."*

*- Offenbarung 21,12-14*

Das neue Jerusalem ist umgeben von Mauern, die in brillanten, glitzernden Lichtern erstrahlen. Dort werden alle mit offenem Mund dastehen und mächtig staunen, wenn sie die Größe, Pracht, Schönheit und Herrlichkeit dieser Mauern sehen.

Die Stadt hat die Form eines Würfels mit drei Toren auf jeder Seite: im Osten, Westen, Norden und Süden. Es gibt insgesamt zwölf Tore und die Stadt ist unvorstellbar massiv. Ein würdevoller, majestätischer Engel bewacht jedes der Tore und die Namen der zwölf Stämme stehen auf diesen Toren geschrieben.

Um die Mauern des neuen Jerusalems sind zwölf Grundsteine, auf denen die zwölf Säulen stehen und die Namen der zwölf Jünger sind dort eingraviert. Alles im neuen Jerusalem basiert auf der Zahl Zwölf, die Zahl des Lichtes. Dadurch soll jedermann gleich verstehen können, dass das neue Jerusalem ein Ort für die Kinder des Lichtes ist, deren Herzen das Herz Gottes, der das Licht selbst ist, widerspiegelt.

Lassen Sie uns nun die Gründe betrachten, warum zwölf Engel die zwölf Tore des neuen Jerusalems bewachen und warum die Namen der zwölf Stämme und der zwölf Apostel überall in der Stadt verewigt sind.

## Zwölf Engel bewachen die Tore

Früher bewachten Soldaten oder Wachen die Tore von Schlössern, in denen Könige oder andere hohe Beamte sich aufhielten oder lebten. Diese Maßnahme war nötig, um die Gebäude vor Feinden und Eindringlingen zu schützen. Doch die zwölf Engel bewachen die Tore vom neuen Jerusalem, obwohl dort keiner nach Lust und Laune hineinkommen oder eindringen kann, denn der Thron Gottes befindet sich in der Stadt. Was ist dann der Grund?

**Als Ausdruck des Reichtums, der Autorität und der Herrlichkeit**

Das neue Jerusalem ist enorm, einfach grandios – weit über unsere Vorstellungskraft hinaus. Die große „Verbotene Stadt" in China, in der die Kaiser lebten, ist gerade einmal so groß wie das Haus einer Einzelperson im neuen Jerusalem. Selbst die Ausmaße der Großen Chinesischen Mauer, eines der sieben Weltwunder, kann nicht mit der Mauer im neuen Jerusalem verglichen werden.

Der erste Grund warum zwölf Engel die Tore bewachen, ist dass dadurch Reichtum und Ehre, Autorität und Herrlichkeit symbolisiert werden. Selbst heute noch haben die Reichen und Mächtigen persönliche Wachleute in und um ihre Häuser. Sie dienen als Ausdruck des Reichtums und der Autorität der Bewohner.

So ist es offensichtlich, dass die höher gestellten Engel die Tore des neuen Jerusalems bewachen, in dem sich der Thron Gottes befindet. Man nimmt die Autorität Gottes und der Bewohner des neuen Jerusalems praktisch sofort wahr, wenn man die zwölf Engel sieht, deren Gegenwart die Schönheit und Herrlichkeit des neuen Jerusalem noch mehr unterstreicht.

### Zum Schutze von Gottes anerkannten Kindern

Was ist der zweite Grund dafür, dass die Engel die Tore des neuen Jerusalems bewachen? Im Hebräer 1,14 steht: *„Sind sie nicht alle dienstbare Geister, ausgesandt zum Dienst um derer willen, die das Heil erben sollen?"*

Gott schützt Seine Kinder, die auf dieser Erde leben, mit Seinen flammenden Augen und den Engeln, die Er ihnen gesandt hat. So werden die, die entsprechend dem Worte Gottes leben, nicht von Satan verleumdet werden. Sie werden vielmehr vor Prüfungen, Schwierigkeiten und vor natürlichen sowie von Menschen verursachten Desastern, Krankheiten und Unfällen beschützt.

Außerdem gibt es im Himmel unzählige Engel, die ihre Pflichten entsprechend den Befehlen Gottes ausführen. Unter den Engeln gibt es auch solche, die alle Handlungen der Menschen beobachten, aufschreiben und Gott berichten, egal ob die Person gerettet ist oder nicht. Beim Jüngsten Gericht wird sich Gott an alle Worte erinnern, die ein Mensch je gesprochen hat, und belohnt ihn anhand seiner Taten.

Die Engel sind Geister, über die Gott die Kontrolle hat und selbstverständlich schützen sie Gottes Kinder im Himmel und kümmern sich um sie. Es gibt zwar keine Unfälle oder Gefahren im Himmel, denn die zum Feind, dem Teufel, gehörige Finsternis gibt es dort nicht, dennoch ist es die natürliche Pflicht der Engel, ihren Herren zu dienen. Diese Pflicht erfüllen sie nicht, weil sie dazu gezwungen werden, sondern freiwillig – entsprechend der Ordnung und der Harmonie im geistlichen Bereich. Es ist die den Engeln natürlicherweise zugewiesene Pflicht.

## Zur Bewahrung der friedvollen Ordnung im neuen Jerusalem

Was ist der dritte Grund, dass die zwölf Engel die Tores des neuen Jerusalems bewachen?

Der Himmel ist ein vollkommener, geistlicher Bereich ohne irgendeinen Makel. Dort läuft alles in perfekter Ordnung ab. Es gibt weder Hass noch Streitereien oder Befehle; vielmehr wird alles einzig und allein durch Gottes Anordnungen betrieben und aufrechterhalten. Belohnungen und Autorität werden durch die Gerechtigkeit Gottes entschieden beziehungsweise bestellt, denn Gott vergibt Seine Belohnungen nur entsprechend der Taten eines jeden und so läuft auch alles andere im Rahmen dieser Ordnung ab.

Ein Haus, das in sich selbst uneins ist, wird fallen. Daher kann auch die Welt Satans nicht einfach so bestehen, sondern funktioniert im Rahmen einer bestimmten Ordnung (Markus 3,22-26). Wie viel mehr muss dann wohl das Königreich Gottes auf einer gewissen Ordnung aufgebaut sein und funktionieren?

Beispielsweise verlaufen Banketts, die im neuen Jerusalem abgehalten werden, in bestimmten Bahnen. Die Seelen der Erretteten aus dem dritten, dem zweiten und dem ersten Königreich sowie aus dem Paradies begeben sich nur mit einer Einladung ins neue Jerusalem – und dies wiederum nach einer geistlich festgelegten Ordnung. Dort werden sie Gott wohlgefällig sein und die Freude derer, die im neuen Jerusalem wohnen, teilen.

Was würde geschehen, wenn die Seelen aus dem Paradies, dem ersten, dem zweiten und dem dritten Königreich einfach so ins neue Jerusalem kommen könnten, wenn ihnen danach ist? So wie auch der Wert der besten und kostbarsten Dinge sich verringert, wenn sie im Laufe der Zeit nicht korrekt gehandhabt oder benutzt werden, könnte die Schönheit des neuen Jerusalems nicht richtig bewahrt werden, wenn seine Ordnung durcheinander gebracht würde.

Um also die friedliche Ordnung im neuen Jerusalem aufrecht zu erhalten, sind die zwölf Tore und die zwölf Engel, die jeweils eins davon bewachen, notwendig. Selbstverständlich könnten die Gläubigen aus dem dritten und den darunter liegenden Königreichen des Himmels nicht einfach so ins neue Jerusalem hinein gehen, selbst wenn es dort keine Engel gäbe, die die Tore bewachen. Warum? Aufgrund der verschiedenen Grade der Herrlichkeit. Die Engel sorgen dafür, dass die rechte Ordnung auch korrekt eingehalten wird.

# Die Namen der zwölf Stämme Israels stehen auf den zwölf Toren eingeschrieben

Was ist der Grund dafür, dass die Namen der zwölf Stämme Israels auf den Toren des neuen Jerusalem geschrieben stehen? Um der Vollendung eines Gebäudes zu gedenken oder um wichtige Informationen darüber bekannt zu geben, stellen die Menschen in dieser Welt oft Ecksteine mit Inschriften auf oder errichten in der Nähe des Bauprojektes ein Denkmal. In ähnlicher Weise symbolisieren die Namen der zwölf Stämme Israels die Tatsache, dass die zwölf Tore des neuen Jerusalem mit den zwölf Stämmen Israels begannen.

### Der Hintergrund für das Anlegen von zwölf Toren

Adam und Eva wurden aus dem Garten Eden vertrieben, weil sie vor 6.000 Jahren die Sünde des Ungehorsams begingen. Während sie auf dieser Welt waren, bekamen sie viele Kinder. Als die Erde voller Sünde war, wurde die gesamte Welt bestraft und ertrank in den Fluten – alle außer Noah und seine Familie; er war damals als einziger ein gerechter Mensch.

Dann wurde vor zirka 4.000 Jahren Abraham geboren und als die Zeit reif war, setzte Gott ihn als Vater des Glaubens ein und segnete überreichlich. Gott versprach Abraham im 1. Mose 22,17-18 folgendes:

> [I]ch [will] dein Geschlecht segnen und mehren wie die Sterne am Himmel und wie den Sand am Ufer des Meeres, und deine Nachkommen sollen die Tore ihrer Feinde besitzen; und durch dein Geschlecht sollen alle Völker auf Erden gesegnet werden, weil du meiner

*Stimme gehorcht hast. (GN)*

Gott, der treu ist, etablierte Jakob, Abrahams Enkeln, als den Gründer Israels und er legte den Grundstein für diese Nation mit seinen zwölf Söhnen. Danach sandte Gott vor rund 2.000 Jahren Jesus als einen Nachkommen vom Stamme Juda und bahnte damit für die gesamte Menschheit den Weg für die Errettung.

So baute Gott das Volk Israel aus den zwölf Stämmen, damit sie den Segen, den er Abraham gegeben hatte, ausleben würden. Um diese Tatsache symbolisch festzuhalten, schuf Gott außerdem die zwölf Tore des neuen Jerusalems und schrieb die Namen dieser zwölf Stämme darauf.

Lassen Sie uns nun Jakob, den Vater Israels, und die zwölf Stämme genauer betrachten.

### Jakob als Vater Israels und seine zwölf Söhne

Jakob, der Enkel Abrahams und Sohn Isaaks, nahm seinem älteren Bruder Esau auf eine trickreiche Art und Weise das Recht des Erstgeborenen und musste dann vor seinem Bruder davon rennen. Er ging zu seinem Onkel Laban. Während seines 21-jährigen Aufenthaltes im Hause Labans, arbeitete Gott an Jakob bis dieser zum Vorvater Israels wurde.

Im 1. Mose 29, ab Vers 21 lesen wir die Einzelheiten über Jakobs Ehen und die Geburt seiner zwölf Söhne. Jakob liebte Rahel und versprach Laban sieben Jahre zu dienen, um sie heiraten zu können. Doch er wurde von seinem Onkel ausgetrickst und heiratete stattdessen Lea, ihre Schwester. Er musste Laban versprechen, ihm nochmals sieben Jahre zu dienen, um Rahel heiraten zu können. So heiratete Jakob Rahel schließlich und liebte sie mehr als Lea.

Gott erbarmte sich über Lea, die von ihrem Mann nicht geliebt wurde, und öffnete ihren Mutterschoß. So gebar Lea Ruben, Simeon, Levi und Juda. Rahel wurde von Jakob geliebt, konnte aber für eine gewisse Zeit keine Söhne bekommen. Sie wurde auf ihre Schwester Lea eifersüchtig und gab ihrem Mann ihre Magd Bilha als Ehefrau. Bilha gebar Dan und Naftali. Als Lea keine Kinder mehr empfangen konnte, gab sie Jakob ihre Magd Silpa zur Frau und Silpa gebar Gad und Asser.

Später willigte Rahel ein, dass Lea mit Jakob im Austausch für die Liebesäpfel ihres ersten Sohnes, Ruben, schlafen konnte. Sie gebar Issaschar und Sebulon sowie eine Tochter, Dina. Dann gedachte Gott der Rahel, die unfruchtbar war, und öffnete ihren Mutterschoß. Daraufhin gebar sie Joseph. Nach Josephs Geburt bekam Jakob von Gott den Befehl, den Fluss Jabbok zu überqueren und mit seinen zwei Frauen, den zwei Mägden und den elf Söhnen in seine Heimat zurückzukehren.

Jakob musste zwei Jahrzehnte lang im Hause seines Onkels Laban Prüfungen bestehen. Danach demütigte er sich und betete auf dem Heimweg am Fluss Jabbok so lange, bis [bei seinem Kampf mit dem Engel] seine Hüfte ausgerenkt wurde. Dort bekam er seinen neuen Namen: Israel (1. Mose 32,28). Israel versöhnte sich wieder mit seinem Bruder Esau und lebte im Land Kanaan. Er empfing den Segen, der Urahne Israels zu sein und bekam von Rahel noch seinen letzten Sohn, Benjamin.

### Gottes auserwähltes Volk - die zwölf Stämme Israels

Joseph war der von seinem Vater unter den zwölf Söhnen Israels am meisten geliebte Sohn. Er wurde im Alter von 17 Jahren von seinen Brüdern, die voller Eifersucht waren, nach Ägypten verkauft. Er wurde allerdings, wie Gott es im Voraus geplant hatte, im Alter von 30 Jahren zum Premierminister Ägyptens. Weil Er wusste, dass es im Lande Kanaan eine schlimme Hungersnot geben würde, hatte Gott Joseph überhaupt erst nach Ägypten gesandt; danach ließ Er seine ganze Familie hinziehen. Sie sollten dort zahlenmäßig so wachsen, dass sie zu einer ganzen Nation werden würden.

Im 1. Mose 49,3-28 segnete Israel, bevor er seinen letzten Atemzug nahm seine zwölf Söhne; diese formten die zwölf Stämme Israels:

> *Ruben, mein Erstgeborener bist du,*
> *meine Stärke (V. 3)...*
> *Die Brüder Simeon und Levi,*
> *Werkzeuge der Gewalttat sind ihre Waffen (V. 5)...*
> *Juda, du, dich werden deine Brüder preisen! (V. 8)...*
> *Sebulon wohnt an der Küste der Meere (V. 13)...*
> *Issaschar ist ein knochiger Esel,*
> *der sich lagert zwischen den Hürden (V. 14)...*
> *Dan richtet sein Volk*
> *wie einer der Stämme Israels (V. 16)...*
> *Gad, Räuberscharen bedrängen ihn,*
> *und er, er drängt ihnen nach auf der Ferse (V. 19)...*
> *Von Asser: Fettes ist sein Brot (V. 20)...*
> *Naftali ist eine flüchtige Hirschkuh (V. 21)...*
> *Ein junger Fruchtbaum ist Joseph,*
> *ein junger Fruchtbaum an der Quelle (V. 22)...*
> *Benjamin ist ein Wolf, der zerreißt (V. 27)...*

All diese Männer bildeten die zwölf Stämme Israels und das ist das, was ihr Vater zu ihnen sagte, als er sie segnete. Einem jeden von ihnen gab er den passenden Segen. Die jeweiligen

Segenssprüche waren verschieden, weil sich jeder Sohn (bzw. Stamm) von den anderen im Charakter, in der Persönlichkeit, in seinem Handeln und in seiner Natur unterschied.

Durch Mose gab Gott den zwölf Stämmen Israels das Gesetz, als sie aus Ägypten herausgekommen waren und fing an, sie ins Land Kanaan zu führen, wo Milch und Honig flossen. Im 5. Mose 33 sehen wir, wie Mose das Volk Israel vor seinem Tod segnete:

> *Ruben lebe und sterbe nicht,*
> *so daß seine Männer wenige würden! (V. 6)...*
> *Höre, HERR, die Stimme Judas...*
> *sei [ihm] Helfer vor seinen Gegnern! (V. 7)*
> *Und für Levi sprach er:*
> *Deine Tummim und deine Urim sind für den Mann,*
> *der dir treu ist (V. 8)...*
> *Für Benjamin sprach er:*
> *Der Liebling des HERRN!*
> *In Sicherheit wohnt er bei ihm. (V. 9)...*
> *Und für Joseph sprach er:*
> *Gesegnet vom HERRN ist sein Land!*
> *Vom Köstlichsten des Himmels, vom Tau,*
> *und von der Flut, die drunten lagert (V. 13)...*
> *Das sind die Zehntausende Ephraims,*
> *das die Tausende Manasses (V. 17)...*
> *Freue dich, Sebulon, über deinen Auszug und du,*
> *Issaschar, über deine Zelte! (V. 18)...*
> *Gesegnet sei, der Gad Raum schafft!*
> *Wie eine Löwin lagert er (V. 20)...*
> *Dan ist ein junger Löwe;*
> *er springt aus Basan hervor (V. 22)...*

*Naftali, gesättigt mit Huld*
*und voller Segen des HERRN! (V. 23)...*
*Mehr als die andern Söhne sei Asser gesegnet!*
*Er sei der Liebling seiner Brüder (V. 24)...*

Von den zwölf Söhnen Israels wurde Levi ausgeschlossen, um die Priester zu stellen, die Gott gehören sollten. An Levis Position rückten Josephs zwei Söhne Manasse und Ephraim, die wiederum zwei neue Stämme bildeten, um die Leviten zu ersetzen.

### Die Namen der zwölf Stämme

Wie können dann wir, die wir weder Mitglieder der zwölf Stämme Israels noch direkte Nachkommen Abrahams sind, überhaupt gerettet werden und durch die zwölf Tore gehen, auf denen die Namen der zwölf Stämme geschrieben stehen? Die Antwort auf diese Frage steht in der Offenbarung 7:

*[Z]wölftausend vom Stamm Juda, zwölftausend vom Stamm Ruben, zwölftausend vom Stamm Gad, zwölftausend vom Stamm Ascher, zwölftausend vom Stamm Naftali, zwölftausend vom Stamm Manasse, zwölftausend vom Stamm Simeon, zwölftausend vom Stamm Levi, zwölftausend vom Stamm Issachar, zwölftausend vom Stamm Sebulon, zwölftausend vom Stamm Josef, zwölftausend vom Stamm Benjamin.*

In diesen Versen steht der Name des Stammes Juda an erster Stelle und der Name des Stammes Ruben folgt darauf – anders als im 1. und 5. Buch Mose. Der Name des Stammes Dan ist gestrichen und der Name des Stammes Manasse ist hinzugefügt.

Die schlimme Sünde vom Stamme Dan ist in 1. Könige 12,28-31 aufgezeichnet:

> *So beschloss denn der König, zwei goldene Kälber anzufertigen. Zum Volk aber sagte er: Es ist zu viel für euch, nach Jerusalem hinaufzugehen. Siehe da, Israel, deine Götter, die dich aus dem Land Ägypten heraufgeführt haben! Und er stellte das eine in Bethel auf, und das andere gab er nach Dan. Diese Sache aber wurde zur Sünde. Und das Volk zog vor dem einen her bis nach Dan. Auch baute Jerobeam Höhenheiligtümer und machte Priester aus dem gesamten Volk, die nicht von den Söhnen Levi waren. Und Jerobeam machte ein Fest im achten Monat, am fünfzehnten Tag des Monats, wie das Fest, das in Juda stattfand; und er stieg selbst auf den Altar.*

Jeroboam, der zum ersten König des Südreiches von Israel wurde, dachte bei sich, dass das Volk, wenn es denn zum Opfern zum Tempel des HERRN nach Jerusalem ziehen würde, seine Treue wieder seinem Herrn Rehabeam, dem König von Juda, zuwenden würde. Der König fertige zwei goldene Kälber an. Er stellte eins in Bethel und eins in Dan auf. Er verbot dem Volk nach Jerusalem zu gehen, wo es Gott seine Opfer bringen wollte und stachelte sie an, stattdessen in Bethel und Dan zu opfern.

Der Stamm Dan beging so Götzendienst und machte einfache Leute zu Priestern Gottes, obwohl nur Männer vom Stamm der Leviten zu Priestern geweiht werden durften. Außerdem setzte er ein Fest am 15. Tag des achten Monats an – wie das Fest, das in Juda abgehalten wurde. All diese Sünden konnte Gott nicht vergeben und Er verließ diese Menschen.

So wurde der Name des Stammes Dan ausgelassen und durch den Stamm Manasse ersetzt. Die Tatsache, dass der Name des Stammes Manasse hinzugefügt werden würde, war im 1. Mose 48,5 vorher gesagt worden. Jakob sagte zu seinem Sohn Joseph:

> *Und nun, deine beiden Söhne, die dir im Land Ägypten geboren wurden, bevor ich zu dir nach Ägypten kam, sollen mir gehören; Ephraim und Manasse sollen mir gehören wie Ruben und Simeon.*

Jakob, der Vater Israels, hatte Manasse und Ephraim schon als seine Söhne versiegelt. So steht also in der Offenbarung im Neuen Testament der Name des Stammes Manasse anstelle von Dan.

Die Tatsache, dass der Name des Stammes Manasse unter den zwölf Stämmen Israels auf diese Weise festgeschrieben steht, obwohl er nicht zu den zwölf Anführern Israels gehörte, deutet darauf hin, dass die Nationen oder Heiden die Stelle der Israeliten einnehmen und gerettet werden.

Gott legte den Grundstein für eine Nation durch die zwölf Stämme Israels. Vor rund 2.000 Jahren eröffnete Er uns die Möglichkeit, unsere Sünden durch das kostbare Blut Jesus Christi wegwaschen zu lassen, das Er am Kreuz vergoss. So ermöglichte Er es allen Menschen, durch den Glauben errettet zu werden.

Gott erwählte das Volk der Juden, das sich aus den zwölf Stämmen entwickelt hatte, und nannte es Sein Volk, doch weil sie Gottes Willen nicht folgten, erging das Evangelium an die Heiden.

Die Heiden, das heißt die wilden Olivenzweige, wurden im

echten Ölbaum eingepfropft und haben Gottes auserwähltes Volk, also Israel, ersetzt. Darum sagte der Apostel Paulus im Römerbrief 2,28-29: *„Beim Judesein geht es nicht um äußerliche Merkmale und bei der Beschneidung nicht um den äußeren, körperlichen Vollzug. Die wahren Juden sind die, die es innerlich sind" (GN).*

Kurz gesagt haben die Heiden das Volk Israel bei der Vorsehung Gottes ersetzt, so wie der Stamm Dan gelöscht und der Stamm Manasse hinzugefügt wurde. Darum können auch Heiden durch die zwölf Tore ins neue Jerusalem einziehen, sofern sie die richtigen Glaubensqualifikationen besitzen.

Somit erlangen nicht nur diejenigen die Errettung, die zu den Stämmen Israels gehören, sondern auch diejenigen, die durch den Glauben zu Nachkommen Abraham geworden sind. Wenn Heiden zum Glauben kommen, betrachtet Gott sie nicht mehr als „Heiden", sondern als Mitglieder der zwölf Stämme Israels. Alle Nationen sollen gerettet werden und durch die zwölf Tore eintreten. Dies ist die Gerechtigkeit Gottes.

Die „zwölf Stämme" Israel beziehen sich geistlich gesehen auf alle Kinder Gottes, die durch den Glauben errettet worden sind und Gott hat die Namen der zwölf Stämme auf die zwölf Tore des neuen Jerusalem geschrieben, um diese Tatsache zu symbolisieren.

So, wie verschiedene Länder und Gebiete unterschiedliche Eigenschaften haben, unterscheidet sich die Herrlichkeit der zwölf Stämme und der zwölf Tore im Himmel auch.

# Die Namen der zwölf Jünger stehen auf den zwölf Grundsteinen geschrieben

Was ist also der Grund dafür, dass die Namen der zwölf Jünger auf den zwölf Grundsteinen des neuen Jerusalems stehen?

Um ein Gebäude zu errichten, ist ein Fundament nötig, auf welches die Ecksteine gesetzt werden können. Man kann die Größe eines Bauprojektes leicht einschätzen, wenn man sich anschaut, wie tief die Ausschachtung ist. Ein Fundament ist sehr wichtig, weil es das Gewicht des gesamten Gebäudes tragen können muss.

So wurden zunächst auch die zwölf Grundsteine gesetzt, auf denen die Mauer vom neuen Jerusalem steht. Dann kamen die zwölf Säulen, zwischen denen die zwölf Tore eingesetzt werden sollten. Anschließend wurden die zwölf Tore angefertigt. Die Abmaße der zwölf Grundsteine und der zwölf Säulen sind so enorm groß, dass sie unser Verständnis übersteigen. Dies werden wir uns im nächsten Kapitel genauer anschauen.

### Die zwölf Grundsteine sind wichtiger als die zwölf Tore

Jeder Schatten wirft ein Bild. So ist auch das Alte Testament ein Schatten des Neuen Testaments, denn das alte Testament zeugte von Jesus, der als Retter in diese Welt kommen sollte. Im Neuen Testament stehen Berichte über den Dienst von Jesus, der in diese Welt kam, alle Weissagungen erfüllte und den Weg der Errettung bahnte (Hebräer 10,1).

Gott, der das Fundament durch die zwölf Stämme Israels legte und das Gesetz durch Mose verkündete, lehrte die zwölf Jünger durch Jesus, der wiederum das Gesetz der Liebe erfüllte und sie zu Jüngern des Herrn bis ans Ende der Welt machte.

So gesehen sind die zwölf Jünger die Helden, die es möglich machten, das Gesetz des Alten Testaments zu erfüllen und die Stadt, das neue Jerusalem, zu bauen. Das war nicht mehr der Schatten, sondern das Original.

So sind die zwölf Grundsteine des neuen Jerusalems wichtiger als die zwölf Tore, und die Rolle der zwölf Jünger ist wichtiger als die der zwölf Stämme.

### Jesus und Seine zwölf Jünger

Jesus, der Sohn Gottes, der im Fleisch in diese Welt kam, begann Seinen Dienst im Alter von 30 Jahren, berief Seine Jünger und lehrte sie. Als die Zeit reif war, gab Jesus Seinen Jüngern die Macht, Dämonen auszutreiben und Kranke zu heilen. In Matthäus 10,2-4 werden die zwölf Jünger genannt:

*Die Namen der zwölf Apostel aber sind diese: Der erste Simon, der Petrus genannt wird, und Andreas, sein Bruder; Jakobus, der Sohn des Zebedäus, und Johannes, sein Bruder; Philippus und Bartholomäus; Thomas und Matthäus, der Zöllner; Jakobus, der Sohn des Alphäus, und Thaddäus; Simon, der Kananäer, und Judas, der Iskariot, der ihn auch überlieferte.*

Auf Jesu Bitten hin predigten sie das Evangelium und taten das Werk Gottes mit Kraft. Sie legten Zeugnis über den lebendigen Gott ab und führten viele Seelen auf den Weg der Errettung. Alle außer Judas Iskariot, der vom Teufel angestachelt wurde und Jesus am Ende verkaufte, wurden Zeugen von Jesu Auferstehung und Himmelfahrt. Sie erlebten den Heiligen Geist durch eifriges Gebet.

Entsprechend der Anweisung des Herrn empfingen sie daraufhin den Heiligen Geist und Kraft. So wurden sie zu Zeugen des Herrn in Jerusalem, überall in Judäa und Samaria und bis an die Enden der Erde.

### Judas Iskariot wurde durch Matthias ersetzt

In der Apostelgeschichte 1,15-26 wird beschrieben, wie Judas Iskariot unter den zwölf Jüngern ersetzt wurde. Sie beteten zu Gott und warfen das Los. Dies geschah, weil die Jünger es so tun wollten, wie es dem Willen Gottes entsprach – und zwar ohne den störenden Einfluss menschlicher Gedanken. Schließlich erwählten sie jemanden aus der Gruppe derer, die durch Jesus gelehrt worden war, nämlich einen Mann namens Matthias.

Jesus wählte Judas Iskariot aus, obwohl Er wusste, dass dieser Ihn am Ende verraten würde. Der Grund liegt in der folgenden Tatsache: Matthias wurde ausgewählt, um zu verdeutlichen, dass auch die Heiden die Errettung würden empfangen können. Dies bedeutet auch, dass die auserwählten Diener Gottes heute an die Stelle von Matthias gehören. Seit der Auferstehung und der Himmelfahrt des Herrn gab und gibt es viele Diener Gottes, die Gott selbst auserwählt hat. Jeder, der mit dem Herrn eins wird, kann zu einem Seiner Jünger werden, genauso wie auch Matthias ein Jünger werden konnte.

Die Diener Gottes, die Er selbst auserwählt hat, gehorchen dem Willen ihres Meisters und sagen einfach „ja". Wenn Diener Gottes Seinem Willen nicht gehorchen, können und sollten sie auch nicht „Diener Gottes" oder „Gottes auserwählte Diener" heißen.

Die zwölf Jünger, einschließlich von Matthias, ähnelten dem Herrn, führten ein heiliges Leben, gehorchten den Lehren des

Herrn und erfüllten den ganzen Willen Gottes. Sie bildeten die Grundlage für die Weltmission, indem sie ihre Pflichten erfüllten – manche sogar bis hin zum Tod als Märtyrer.

### Die Namen der zwölf Jünger

Diejenigen, die durch den Glauben gerettet sind, auch wenn sie sich weder geheiligt haben noch im Hause Gottes treu waren, können das neue Jerusalem besuchen, wenn sie eine Einladung haben. Aber sie können dort nicht auf ewig leben. Einer der Gründe, warum die Namen der zwölf Jünger auf den zwölf Grundsteinen geschrieben stehen, ist, dass sie uns daran erinnern sollen, dass nur die, die sich in diesem Leben geheiligt haben und im Hause Gottes treu waren, ins neue Jerusalem einziehen dürfen.

Die zwölf Stämme Israels beziehen sich auf alle Kinder Gottes, die durch den Glauben gerettet sind. Die, die in jedem Bereich ihres Lebens geheiligt und treu waren, werden sich dafür qualifizieren, ins neue Jerusalem einzuziehen. Aus diesen Gründen haben die zwölf Grundsteine eine größere Bedeutung. Darum wurden auch die Namen der zwölf Jünger nicht auf die zwölf Tore, sondern auf die zwölf Grundsteine geschrieben.

Warum wählte Jesus nur zwölf Jünger aus? In Seiner vollkommenen Weisheit, erfüllt Gott Seine Vorsehung, also Seinen Plan, den Er schon erschuf, bevor die Zeit begann. Dementsprechend erfüllt Er ihn auch. So wissen wir, dass Jesu Wahl von nur zwölf Jüngern im Einklang mit Gottes Plan erfolgte.

Gott, der im Alten Testament zwölf Stämme bildete, wählte auch zwölf Jünger aus. Er benutzte die Zahl Zwölf, die im Neuen

Testament für „Licht" und „Vollkommenheit" steht. Somit wurden der Schatten des Alten Testaments und das Original des Neuen Testaments ein Paar.

Gott ändert Seine Meinung und Seinen Plan, den Er sich einst machte, nicht. Und: Er hält Sein Wort. So müssen wir das gesamte Wort Gottes in der Bibel glauben, uns als Braut des Herrn darauf vorbereiten, ihn zu empfangen, und die Qualifikationen erlangen und bewahren, um wie die zwölf Jünger ins neue Jerusalem einziehen zu können.

Jesus sagte uns in Offenbarung 22,12: *„Siehe, ich komme bald und mein Lohn mit mir, um einem jeden zu vergelten, wie sein Werk ist."*

„Was für eine Art christliches Leben sollten Sie führen, wenn Sie wirklich glauben, dass der Herr bald zurückkommt?" Sie sollten sich nicht nur damit zufrieden geben, dass Sie die Errettung durch den Glauben an Jesus Christus erlangt haben. Sie müssen außerdem versuchen, Ihre Sünden abzulegen und in allen Ihren Pflichten treu sein.

Ich bete im Namen des Herrn Jesus, dass Sie die ewige Herrlichkeit und die Segnungen im neuen Jerusalem erleben werden – so wie unsere Vorfahren im Glauben, deren Namen auf den zwölf Toren und den zwölf Grundsteinen geschrieben stehen!

# Kapitel 3

## Die Größe des neuen Jerusalems

*„Und der mit mir redete, hatte ein Maß, ein goldenes Rohr, um die Stadt und ihre Tore und ihre Mauer zu messen. Und die Stadt ist viereckig angelegt, und ihre Länge ist so groß wie die Breite. Und er maß die Stadt mit dem Rohr auf zwölftausend Stadien; ihre Länge und Breite und Höhe sind gleich. Und er maß ihre Mauer, hundertvierundvierzig Ellen, eines Menschen Maß, das ist eines Engels Maß. "*

*- Offenbarung 21,15-17*

Manche Gläubige meinen, jeder, der gerettet ist, wird ins neue Jerusalem einziehen, wo sich Gottes Thron befindet oder aber sie denken, dass das neue Jerusalem den ganzen Himmel ausmacht. Aber das neue Jerusalem stellt nicht den gesamten Himmel, sondern nur einen Teil des endlosen Himmels dar. Nur Gottes echte Kinder, die heilig sind und sich geheiligt haben, können dort eintreten. Sie fragen sich vielleicht, wie riesengroß das neue Jerusalem sein muss, das Gott für Seine wahren Kinder vorbereitet hat.

Lassen Sie uns die Größe und Form des neuen Jerusalems und die darin verborgenen Bedeutung betrachten.

# Mit dem goldenen Rohr gemessen

Es ist nur natürlich, dass diejenigen, die wirklich glauben und eifrig auf das neue Jerusalem hoffen, sich Fragen stellen über die Gestalt und Größe der Stadt. Da es der Ort für die Kinder Gottes ist, die sich geheiligt haben und den Herrn ganz und gar widerspiegeln, hat Gott das neue Jerusalem so schön und prunkvoll gestaltet.

In der Offenbarung 21,15 können Sie etwas über den Engel lesen, der mit einem goldenen Rohr dasteht, um die Größe der Tore und der Mauer des neuen Jerusalems zu messen. Warum ließ Gott das neue Jerusalem mit einem goldenen Rohr messen?

Das goldene Rohr ist ein gerades Instrument, mit dem im Himmel Entfernungen gemessen werden. Wenn Sie mit der Bedeutung von Gold und von einem Rohr vertraut sind, können Sie den Grund verstehen, warum Gott die Dimensionen im neuen Jerusalem mit einem goldenen Rohr messen ließ.

Gold steht für den „Glauben", denn es verändert sich im Verlaufe der Zeit nicht. Hiob bekannte in Kapitel 23,10: „*Denn er kennt den Weg, der bei mir ist. Prüfte er mich, wie Gold ginge ich hervor.*" Somit symbolisiert das Gold des goldenen Rohrs die Tatsache, dass Gottes Maß genau ist und sich nie ändert. Und: Er wird allen Seinen Verheißungen treu sein.

**Eigenschaften des Rohres, mit dem der Glaube bemessen wird**

Das Rohr ist lang und sein Ende ist weich. Es wiegt sich leicht im Wind, schnellt aber nie zurück. Es ist sowohl weich als auch fest. Das Rohr ist knorrig und das bedeutet, dass Gott Seine

Belohnungen entsprechend der Taten eines Menschen vergibt.

So ist der Grund dafür, dass Gott das neue Jerusalem mit dem goldenen Rohr misst, ein Bild dafür, dass Er auch den Glauben eines jeden genau misst und Seine Belohnungen entsprechend der jeweiligen Taten verteilt.

Lassen Sie uns nun die Eigenschaften und die geistliche Bedeutung des Rohres betrachten, um zu verstehen, warum Gott das neue Jerusalem mit einem goldenen Rohr misst.

Erstens hat Schilfrohr sehr tiefe, starke Wurzeln, die ein bis drei Meter lang sind. Schilfrohr wächst auf eine Höhe von einem bis drei Meter heran – und zwar in Sümpfen und an Seen. Es mag so scheinen, als hätte es schwache Wurzeln, aber man kann es nicht so einfach herausreißen.

So sollten auch die Kinder Gottes fest im Glauben verwurzelt sein und auf dem Felsen der Wahrheit stehen. Nur wenn Ihr Glaube unveränderlich ist und sich unter keinen Umständen erschüttern lässt, werden Sie in der Lage sein, ins neue Jerusalem zu kommen, dessen Dimensionen mit dem goldenen Rohr gemessen werden. Aus diesem Grund betete der Apostel Paulus auch für die Gläubigen in Ephesus, *„daß der Christus durch den Glauben in euren Herzen wohne und ihr in Liebe gewurzelt und gegründet seid“* (Epheser 3,17).

Zweitens hat Schilfrohr sehr weiche Enden. Da Jesus ein weiches und demütiges Herz hatte, das an Schilfrohr erinnert, fing er nie einen Streit an und schrie auch nicht herum. Selbst als Ihn andere kritisierten und verfolgten, debattierte Jesus nicht. Stattdessen ging Er einfach weg.

So sollten auch die, die auf das neue Jerusalem hoffen, wie Jesus ein demütiges Herz haben. Wenn Sie sich unwohl dabei fühlen, wenn andere auf Ihre Fehler hindeuten oder Sie ermahnen, bedeutet dies, dass Sie noch ein hartes und stolzes Herz haben. Wenn Sie ein demütiges Herz haben, das so weich wie Flaum ist, können Sie derlei Dinge mit Freude annehmen, ohne es zu bedauern oder unzufrieden zu sein

Drittens wiegt sich Schilfrohr zwar sanft im Wind, aber es bricht nicht leicht. Bei einem starken Sturm werden bisweilen Bäume entwurzelt, aber Schilfrohr bricht gewöhnlich nicht so leicht, selbst wenn es mächtig stürmt, weil es weich ist. Hier auf der Welt wird der Verstand oder das Herz einer Frau manchmal auf negative Art und Weise mit einem Schilfrohr verglichen; Gottes Vergleich hingegen ist das ganze Gegenteil. Schilfrohr ist weich und mag sehr schwach erscheinen. Doch es ist so stark, dass es selbst bei starken Winden nicht bricht. Dazu hat es schöne, elegante, weiße Blüten.

Da Schilfrohr alle drei Aspekte – Weichheit, Stärke und Schönheit – hat, symbolisiert es die Gerechtigkeit bestimmter Urteile. Diese Eigenschaften des Schilfrohrs können auch auf den Staat Israel angewandt werden. Israel hat ein relative kleines Territorium und eine kleine Bevölkerungszahl und es ist umgeben von feindlichen Nachbarn. Israel mag wie ein schwaches Land aussehen, aber es zerbricht nicht, egal wie die Umstände aussehen. Der Grund ist der starke Glaube des Volkes an Gott, ein Glaube, der seine Wurzeln in den Vorvätern des Glaubens wie Abraham hat. Es mag aussehen, als würde das Land jeden Augenblick zusammenbrechen, doch der Glaube der „Israeliten" an Gott ermöglicht es ihnen, standhaft auf den Beinen zu bleiben.

Wenn wir ins neue Jerusalem einziehen wollen, dürfen wir demnach in unserem Glauben unter keinen Umständen schwanken oder wankelmütig sein, sondern müssen in Jesus Christus, unserem Felsen, verwurzelt sein, so wie Schilf auch starke Wurzeln hat.

Viertens sind die Stämme von Schilfrohr gerade und glatt. Darum benutzt man sie oft für Dächer, Pfeile und früher auch für Schreibfedern. Der gerade Stamm bedeutet auch „Voranschreiten". Glauben kann man nur als „lebendig" bezeichnen, wenn er vorwärts geht. Die, die sich verbessern und weiterentwickeln, wachsen tagtäglich im Glauben und marschieren damit auf den Himmel zu.

Gott erwählt diese guten Gefäße, die sich in Richtung Himmel bewegen, läutert sie und macht sie vollkommen, damit diese Menschen in die Lage versetzt werden, ins neue Jerusalem einzuziehen. So sollten wir uns auf den Himmel zu bewegen – wie die Blätter, die am Ende des Stammes hervor sprießen.

Fünftens sieht Schilfrohr, dessen Blüten viele Dichter beschrieben haben, um friedvolle Bilder darzustellen, sehr weich und schön aus. Seine Blätter sind graziös und elegant. Im 2. Korinther 2,15 steht: *„Denn wir sind ein Wohlgeruch Christi für Gott unter denen, die errettet werden, und unter denen, die verloren gehen."* So verströmen die, die auf dem Felsen des Glaubens stehen, den Wohlgeruch Christi. Diejenigen, die ein solches Herz haben, haben gnädige und angenehme Gesichter – und andere Menschen können durch sie den Himmel erleben. Um also ins neue Jerusalem einzuziehen, müssen wir den Wohlgeruch Christi verbreiten – wie die weichen Blüten und eleganten Blätter des Schilfrohrs.

Sechstens sind die Blätter von Schilfrohr dünn und die Enden scharf genug, dass man sich schon in die Haut schneidet, wenn man vorbeistreift. So dürfen auch die Gläubigen keine Kompromisse mit der Sünde eingehen. Vielmehr müssen sie so werden wie die Blätter – und das Böse abschneiden.

Daniel, der im Persischen Reich diente und vom König

geliebt wurde, kam vor Gericht und wurde durch böse Menschen, die auf ihn eifersüchtig waren, dazu verurteilt, in die Löwengrube zu kommen. Doch er ging keinerlei Kompromisse ein. Stattdessen hielt er an seinem Glauben fest. Das führte dazu, dass Gott ihm Seinen Engel schickte, der den Löwen das Maul verschloss. So konnte Daniel Gott auf mächtige Art und Weise vor dem König und dem Volk verherrlichen.

Gott hat Wohlgefallen an Glauben, wie ihn Daniel hatte. Dieser Glauben geht keinen Kompromiss mit der Welt ein. Er beschützt die, die solchen Glauben haben, vor allerlei Schwierigkeiten und Prüfungen und Er macht es möglich, dass sie Ihn am Ende verherrlichen. Außerdem sorgt Er dafür, dass sie das Haupt und nicht der Schwanz sind (5. Mose 28,1-14).

Des Weiteren heißt es in Sprüche 8,13 „*Die Furcht des HERRN bedeutet, Böses zu hassen.*" Wenn Sie Böses im Herzen haben, müssen Sie es hinauswerfen, indem Sie eifrig beten und fasten. Nur wenn Sie keine Kompromisse mit der Sünde eingehen und das Böse hassen, werden Sie geheiligt sein und sich für das neue Jerusalem qualifizieren.

Wir haben uns die Gründe angesehen, warum Gott das neue Jerusalem mit dem goldenen Rohr misst, indem wir uns sechs Eigenschaften von Schilfrohr anschauten. Die Benutzung des goldenen Rohrs hat uns gezeigt, dass Gott unseren Glauben genau misst und uns in dem Maße belohnt, wie wir Ihm in diesem Leben gedient haben. Außerdem sahen wir, dass Er Seine Verheißungen treu erfüllt. So hoffe ich, dass Ihnen klar ist, dass Sie die nötigen Qualifikationen haben, wie sie der Bedeutung des goldenen Rohrs entsprechen, dass Sie alles Böse ablegen und das Herz des Herrn widerspiegeln werden.

# Das würfelförmige neue Jerusalem

Gott hat die Größe und Gestalt des neuen Jerusalem aus einem bestimmten Grund in der Bibel festgehalten. In der Offenbarung 21,16 lesen wir, dass die Stadt würfelförmig ist und zwar mit einer Länge, Breite und Höhe von jeweils 12.000 Stadien. Da fragt sich vielleicht mancher: „Werden wir uns dort dann nicht wie eingesperrt fühlen?" Nein, denn Gott hat das Innere des neuen Jerusalem so bequem und angenehm gestaltet. Außerdem kann man von außen nicht in die Stadt hineinblicken, wohingegen die Menschen innerhalb der Mauern nach außen schauen können. Mit anderen Worten, es gibt überhaupt gar keinen Grund, sich innerhalb dieser Mauern unwohl oder eingeengt zu fühlen.

### Das neue Jerusalem in der Form eines Quadrats

Warum hat Gott das neue Jerusalem in der Form eines Quadrates angelegt? Dieselbe Länge und Breite repräsentieren die Ordnung und Genauigkeit, das Recht und die Gerechtigkeit der Stadt. Gott kontrolliert alle Dinge, damit die zahllosen Sterne, der Mond, die Sonne, das Solarsystem und der Rest des Universums sich störungsfrei ganz präzise bewegen. So hat Gott auch die Form eines Quadrates für das neue Jerusalem gewählt, um damit auszudrücken, dass Er alle Dinge und den Verlauf der Geschichte kontrolliert und bis zum Ende alles genau erfüllen wird.

Länge wie Breite des neuen Jerusalems sind also gleich; es hat zwölf Tore und zwölf Grundsteine – und zwar jeweils drei auf jeder Seite. Dies bedeutet, dass unabhängig davon, wo jemand auf dieser Erde lebt, die gleichen Maßstäbe in fairer Art und Weise für die angewandt werden, die die Qualifikationen dafür haben, ins neue Jerusalem einzutreten. Und zwar kommen diejenigen, die sich nach der Messung mit dem goldenen Rohr qualifiziert haben, ins neue Jerusalem – unabhängig von Geschlecht, Alter oder Rasse.

Der Grund dafür ist, dass Gott mit Seinen geraden und gerechten Charakter gerecht richtet und jemandes Qualifikation für den Einzug ins neue Jerusalem genau einschätzt. Außerdem hat man in einem Quadrat Norden, Süden, Osten und Westen. Gott hat das neue Jerusalem geschaffen und Er ruft Seine vollkommenen Kinder, die durch den Glauben gerettet sind, aus allen Nationen und allen vier Himmelsrichtungen zusammen.

### Eine Länge, Breite und Höhe von 2.400 Kilometer

In der Offenbarung 21,16 steht: *„Und die Stadt ist viereckig angelegt, und ihre Länge ist so groß wie die Breite. Und er maß die Stadt mit dem Rohr auf zwölftausend Stadien; ihre Länge und Breite und Höhe sind gleich."* So hat also das würfelförmige neue Jerusalem eine Länge, Breite und Höhe von Zwölf Tausend (12.000) Stadien (2.400 Kilometer).

In der Offenbarung 21,17 heißt es außerdem: *„Und er maß ihre Mauer, hundertvierundvierzig Ellen, eines Menschen Maß, das ist eines Engels [Maß]."* Eine Elle ist rund 45 Zentimeter lang. Somit ist die Mauer rund 65 Meter oder 213 Fuß breit. Da das neue Jerusalem so enorm groß ist, sind seine Mauern auch entsprechend dick.

# Kapitel 4

## Aus reinem Gold und Edelsteinen in allen möglichen Farben

*„Und der Bau ihrer Mauer war Jaspis und die Stadt reines Gold, gleich reinem Glas."*

*- Offenbarung 21,18*

Stellen Sie sich einmal vor, Sie hätten allen Reichtum und die Vollmacht, ein Haus zu erreichten, in dem Sie und Ihre Lieben für immer wohnen würden. Wie würden Sie es anlegen wollen? Welche Materialien würden Sie verwenden? Wahrscheinlich würden Sie es so bauen, dass es wunderschön und charmant aussehen würde – ganz egal wie viel es kostet und wie lange es dauern würde beziehungsweise wie viel Arbeiter für seinen Bau nötig wären.

Leuchtet es da nicht ein, dass unser Vatergott das neue Jerusalem wirklich nur aus dem besten Material des Himmels mit wunderschönen schmückenden Elementen errichten wollte, wo doch Seine geliebten Kinder dort für immer wohnen werden? Außerdem ist das Baumaterial im neuen Jerusalem von Bedeutung; es drückt die Zeiten aus, in denen wir im Glauben und in der Liebe auf der Erde ausgeharrt haben. Dort ist alles ganz prachtvoll.

So ist es nur natürlich, dass die, die sich aus tiefstem Herzen nach dem neuen Jerusalem sehnen, mehr über die Stadt wissen wollen.

Gott kennt die Herzen der Menschen und hat uns verschiedene, detaillierte Informationen über das neue Jerusalem hinterlassen, einschließlich seiner Größe, Gestalt und der Dicke der Mauern. All dies wird uns in der Bibel mitgeteilt werden.

Woraus besteht das neue Jerusalem?

## Mit reinem Gold und den verschiedensten Edelsteinen geschmückt

Das neue Jerusalem, das Gott für Seine Kinder vorbereitet hat, besteht aus reinem Gold, das sich nie ändert, und es ist mit vielen Edelsteinen geschmückt. Im Himmel gibt es kein Material wie zum Beispiel den Staub hier auf Erden, der sich im Laufe der Zeit ändert. Die Straßen im neuen Jerusalem bestehen aus reinem Gold. Die Grundsteine sind aus Edelsteinen. Wenn der Sand am Ufer des Flusses vom Wasser des Lebens schon aus Gold und Silber besteht, um wie viel erstaunlicher müssen dann wohl erst die Materialien für die Gebäude sein?

### Das neue Jerusalem: Gottes Meisterstück

Bei allen weltbekannten Gebäuden unterscheiden sich ihr Glanz und Wert, die Eleganz und Schönheit der verschiedenen Konstrukte voneinander, je nach dem, welche Materialien beim Bau verwendet wurden. Marmor glänzt viel mehr, ist eleganter und schöner als Sand, Holz oder Beton.

Können Sie sich überhaupt vorstellen, wie wunderschön und atemberaubend es wäre, wenn Sie ein ganzes Gebäude aus teurem Gold und aus Edelsteinen errichten würden? Und: wie viel traumhaft schöner müssen die Gebäude im Himmel sein, die mit den herrlichsten Materialien errichtet worden sind?

Das aus der Macht Gottes entstandene Gold und die Edelsteine im Himmel unterscheiden sich in Qualität, Farbe und Vollkommenheit stark von denen hier auf Erden. Ihre Reinheit und der strahlend schöne Glanz können nicht adäquat in Worte gefasst werden.

Selbst hier auf der Erde kann man aus ein und demselben Ton verschiedene Gefäße herstellen. Je nach der Art des Tons und dem Niveau der Fertigkeiten des Töpfers kann daraus teures Porzellan oder billiges Tongeschirr gefertigt werden. Es hat Gott Tausende von Jahren gekostet, das neue Jerusalem zu bauen. Es ist Sein Meisterwerk, das mit der prächtigen, kostbaren und vollkommenen Herrlichkeit des Architekten der Stadt erfüllt ist.

### Reines Gold steht für Glauben und ewiges Leben

Reines Gold ist einhundert Prozent Gold ohne jegliche Verunreinigungen. Es ist das einzige, was sich hier auf Erden nie ändert. Aufgrund dieser Eigenschaft haben es viele Länder als Standard oder Messlatte für ihre Währung und den Wechselkurs benutzt. Außerdem wird es zu Dekorations- und zu industriellen Zwecken verwendet. Viele Menschen möchten reines Gold haben und lieben es.

Gott stellte uns auf dieser Erde Gold zur Verfügung, damit wir begreifen, dass es Dinge gibt, die sich nie verändern und dass es eine ewige Welt gibt. Hier auf der Erde nützen sich Dinge ab und verändern sich im Laufe der Zeit. Wenn wir nur solche Dinge hätten, wäre es für uns mit unserem begrenzten Wissen schwer zu verstehen, dass es einen ewigen Himmel gibt.

Darum erlaubt uns Gott anhand von Gold, das sich nie ändert, zu sehen, dass es Dinge mit Ewigkeitswert gibt. Uns soll klar werden, dass es Sachen gibt, die unverändert bleiben, und so sollen wir auf den ewigen Himmel hoffen. Reines Gold steht symbolisch für geistlichen Glauben, der sich nie verändert. Wenn Sie weise sind, werden Sie versuchen, einen Glauben zu erlangen, der so ist wie Gold, das sich nie ändert.

Im Himmel bestehen viele Dinge aus reinem Gold. Stellen Sie sich vor, wie dankbar wir wären, wenn wir einfach einmal den Himmel sehen würden, der aus Gold besteht, das wir auf dieser Erde als das kostbarste Material erachten!

Allerdings wissen die, die unklug sind, Gold nur als etwas zu schätzen, dass sie reich werden lässt und durch das sie ihren Reichtum zur Schau stellen können. So bleiben sie von Gott ferne, lieben Ihn nicht und am Ende werden sie in den Feuer- und Schwefelsee in der Hölle fallen und es ewig bereuen:

„Ich würde hier nicht in der Hölle leiden, wenn ich den Glauben als so kostbar erachtet hätte ich das beim Gold tat."

So hoffe ich, Sie werden weise sein und den Himmel in Besitz nehmen, indem Sie versuchen, unveränderlichen Glauben zu erlangen, anstatt sich nach dem Gold dieser Welt auszustrecken, dass Sie ohnehin hier lassen müssen, wenn ihr Leben auf dieser Erde zu Ende geht.

### Edelsteine stehen für die Herrlichkeit und Liebe Gottes

Edelsteine sind fest und haben eine hohe Strahlenbrechung. Sie haben und leuchten in schönen Farben und Lichtern. Da es nicht so viele von ihnen gibt, lieben viele Menschen sie und sie werden als etwas Kostbares erachtet. Im Himmel wird Gott diejenigen, die ihn im Glauben in Besitz genommen haben, mit feinem Leinen kleiden und sie mit vielen Edelsteinen schmücken, um damit Seine Liebe auszudrücken.

Menschen lieben Edelsteine und versuchen sich schöner zu machen, indem sie verschiedene Schmuckstücke tragen. Wie begeistert werden Sie wohl sein, wenn Gott Ihnen im Himmel funkelnde Edelsteine schenkt?

Manch einer mag fragen: „Wozu braucht man denn im Himmel Edelsteine?" Nun, im Himmel repräsentieren sie Gottes Herrlichkeit und die Anzahl der Edelsteine, die man bekommt, stellt das Maß der Liebe Gottes für diese Person dar.

Es gibt im Himmel Edelsteine aller Art in zahllosen Farben. Für die zwölf Grundsteine des neuen Jerusalems wurden folgende verwendet: Saphir in transparentem Dunkelblau, Smaragd in transparentem Grün, Rubine in Dunkelrot, Chrysolith in transparentem Gelbgrün, Beryll in Blaugrün, das an reines Meerwasser erinnert, Topas in einem hellen Orange, Chrysopras in einem halbtransparenten Dunkelgrün und Amethyst in hellem Violett oder dunklen Purpur.

Abgesehen von diesen gibt es noch unzählige andere Edelsteine, die eine schöne Farbe haben oder ausstrahlen, wie zum Beispiel Jaspis, Chalzedon, Sardonyx und Hyazinth. All diese Juwelen haben verschiedene Namen und Bedeutungen, so wie auch die auf der Erde. Die Farben und Namen eines jeden Edelsteins werden verbunden, um Würde, Stolz, Kostbarkeit und Herrlichkeit zu zeigen.

So wie die Edelsteine hier auf der Erde aus verschiedenen Blickwinkeln betrachtet unterschiedlich farbiges Licht verströmen, glänzen auch die Edelsteine im neuen Jerusalem in verschieden bunten Lichtern, die sie sogar doppelt oder dreifach brechen.

Natürlich sind diese Edelsteine unvergleichlich schöner als die hier auf der Erde, denn Gott selbst hat diese Erze durch die Kraft der Schöpfung poliert. Darum sagte der Apostel Johannes auch, dass das neue Jerusalem wie ein kostbarer Edelstein sei.

Des Weiteren erstrahlen die Edelsteine im neuen Jerusalem in viel herrlicheren Lichtern als die an anderen Wohnstätten, weil Gottes Kinder, die ins neue Jerusalem kommen, das Herz Gottes ganz und gar nachgeahmt und Ihm die Ehre gegeben haben. Sowohl das Innere als auch das Äußere des neuen Jerusalems ist mit vielen Arten von hübschen Juwelen in bunten Farben geschmückt. Allerdings bekommt nicht jeder diese Edelsteine; vielmehr werden sie danach vergeben, wie jemand hier auf Erden im Glauben agiert hat.

## Die im neuen Jerusalem aus Jaspis errichtete Mauer

In der Offenbarung 21,18 lesen wir, dass die Mauern vom neuen Jerusalem ein Bau aus Jaspis sind. Können Sie sich vorstellen, wie großartig die Mauern vom neuen Jerusalem sein müssen, die rundherum aus Jaspis bestehen?

### Jaspis steht für geistlichen Glauben

Jaspis, wie wir ihn hier auf Erden vorfinden, ist gewöhnlich ein fester, undurchsichtiger Stein. Seine Farbe variiert von grün bis rot und gelbgrün. Manche der Farben sind vermischt oder aber sie haben Tupfen. Je nach Farbe variiert auch die Festigkeit.

Jaspis ist relativ billig und manchmal auch leicht zerbrechlich, aber der himmlische Jaspis, den Gott gemacht hat, verändert sich nie und zerbricht auch nicht. Himmlischer Jaspis hat eine bläulich weiße Farbe und ist durchsichtig, so dass man das Gefühl hat, in ein klares Gewässer zu schauen. Obwohl es sich mit nichts auf dieser Welt vergleichen lässt, ähnelt es strahlend bläulichem Sonnenlicht, das von den Wellen des Ozeans reflektiert wird.

Jaspis steht für geistlichen Glauben. Glaube ist das wichtigste, grundlegendste Element, wenn man ein Leben als Christ führen will. Ohne Glauben können Sie weder die Errettung erlangen, noch Gott wohl gefallen. Außerdem können Sie ohne Glauben, der Gott gefällt, auch nicht ins neue Jerusalem einziehen.

So ist das neue Jerusalem aus Glauben gebaut und der Edelstein, der die Farbe dieses Glaubens ausdrücken kann, ist Jaspis.

Wenn es in der Bibel heißt, dass die Mauern im neuen Jerusalem aus Glauben bestehen, wie sollen die Menschen diesen Ausdruck verstehen? Natürlich kann das nicht mit menschlichen Gedanken nachvollzogen werden und es wäre sehr schwer für Menschen, auch nur zu versuchen, sich vorzustellen, wie wunderschön das neue Jerusalem geschmückt ist.

Die Mauern aus Jaspis glänzen im Lichte von Gottes Herrlichkeit und sind mit vielen Mustern und Designs dekoriert.

Die Stadt ist das Meisterwerk von Gott, dem Schöpfer, und der Ort der ewigen Ruhe für die besten Früchte der 6.000 Jahre alten Menschheitsgeschichte. Wie prunkvoll, schön und groß sie sein muss?

Uns sollte klar sein: die Errichtung des neuen Jerusalems

erfolgte mit der besten Technik und den besten Geräten, deren Mechanik wir nicht nachvollziehen können.

Wie in Kapitel 3 erläutert, ist das Innere von außen nicht sichtbar, obwohl die Mauern transparent sind. Dennoch heißt das nicht, dass die Menschen in der Stadt sich eingeschlossen fühlen. Die Bewohner des neuen Jerusalems können aus der Stadt nach draußen schauen und haben das Gefühl, es gäbe gar keine Mauern. Wie wundersam das wohl sein muss!

## Gefertigt aus reinem Gold wie Glas

Am Ende von Offenbarung 21,18 heißt es, dass die Stadt aus reinem Gold, gleich reinem Glas ist. Lassen Sie uns nun die Eigenschaften von Gold betrachten, damit wir uns das neue Jerusalem besser vorstellen und seine Schönheit begreifen können.

### Der Wert von reinem Gold verändert sich nicht

Gold oxidiert weder in der Luft noch in Wasser. Es verändert sich im Verlaufe der Zeit nicht und geht mit anderen Substanzen keine chemischen Reaktionen ein. Gold behält seinen schönen Glanz immer bei. Auf der Erde ist Gold zu weich, sodass damit Legierungen gemacht werden müssen; im Himmel dagegen ist das Gold nicht zu weich. Außerdem erstrahlen Gold und Edelsteine im Himmel in anderen Farben und haben eine andere Dichtigkeit als ihre Gegenstücke hier auf Erden, denn ihr Licht bekommen sie von der Herrlichkeit Gottes.

Selbst hier auf der Erde variieren die Eleganz und der Wert von Edelsteinen, je nachdem wie geschickt der Goldschmied war und welche Techniken er verwandte. Wie kostbar und schön müssen die Edelsteine im neuen Jerusalem sein, wo sie doch von Gott selbst berührt und bearbeitet worden sind?

Im Himmel gibt es keinen Geiz oder Lust nach schönen oder guten Dingen. Auf Erden lieben Menschen Edelsteine aufgrund ihrer verschwenderisch funkelnden Schönheit. Im Himmel dagegen lieben sie Edelsteine auf geistliche Weise, weil sie die geistliche Bedeutung eines jeden kennen. Und sie nehmen die Liebe Gottes wahr, der den Himmel mit schönen Edelsteinen vorbereitet und geschmückt hat.

### Gott schuf das neue Jerusalem aus reinem Gold

Warum hat Gott das neue Jerusalem aus reinem Gold gemacht, das so klar ist wie Glas? Wie bereits erläutert, steht reines Gold für geistlichen Glauben, aus Glauben geborene Hoffnung, Reichtum, Ehre und Autorität. „Aus Glauben geborene Hoffnung" bedeutet, dass Sie die Errettung und die Hoffnung auf das neue Jerusalem erlangen und ihre Sünden ablegen sowie sich um Ihre Heiligung bemühen und sich voller Hoffnung auf die Belohnungen freuen können, weil Sie Glauben haben.

So hat Gott die Stadt aus reinem Gold gemacht, damit die, die voller leidenschaftlicher Hoffnung hineintreten werden, für immer dankbar und glücklich sein werden.

Offenbarung 21,18 beschreibt das neue Jerusalem gleich reinem Glas. Damit soll ausgedrückt werden, wie klar und schön die Landschaft im neuen Jerusalem ist. Das Gold im Himmel ist klar und rein wie Glas, nicht wie das undurchsichtige Gold, das wir hier auf Erden finden.

Das neue Jerusalem ist rein, schön und ohne Fehler, denn es

besteht aus reinem Gold. Darum merkte der Apostel Johannes an, dass die Stadt aus reinem Gold, gleich reinem Glas ist.

Versuchen Sie einmal, sich die Stadt vorzustellen, die aus reinem schönen Gold und vielen verschiedenen Edelsteinen in allen möglichen Farben besteht.

Nachdem ich den Herrn angenommen hatte, waren Gold und Edelsteine in meinen Augen gewöhnliche Materialien und es war nie mehr mein Herzenswunsch, sie zu besitzen. Ich war erfüllt von der Hoffnung auf den Himmel und liebte die Dinge dieser Welt nicht mehr. Als ich aber anfing, zu beten, um mehr über den Himmel zu erfahren, sagte der Herr zu mir: „Im Himmel besteht alles aus Edelsteinen und Gold; du solltest beides lieben." Er meinte damit nicht, dass ich anfangen solle, Gold und Edelsteine zu sammeln. Vielmehr sollte mir bewusst werden, was Gott vorhatte und die geistliche Bedeutung der Edelsteine erkennen, um sie dann in einer Gott wohlgefälligen Art und Weise zu lieben.

So fordere ich Sie auf, Gold und Edelsteine auf eine *geistliche Art zu lieben*. Wenn Sie Gold sehen, können Sie beispielsweise denken: „Ich sollte Glauben haben, der rein wie Gold ist." Wenn Sie verschiedene andere Edelsteine sehen, können Sie auf den Himmel hoffen und sagen: „Wie schön muss wohl erst mein Haus im Himmel sein!"

Ich bete im Namen des Herrn Jesus, dass Sie ein Haus im Himmel haben werden, das aus unveränderlichem Gold und prächtigen Edelsteinen besteht, indem Sie Glauben erlangen, der rein wie Gold ist, und auf den Himmel zustürmen.

# Kapitel 5

# Die Bedeutung der zwölf Grundsteine

*„Die Grundsteine der Mauer der Stadt waren mit jeder Art Edelstein geschmückt: der erste Grundstein ein Jaspis; der zweite ein Saphir; der dritte ein Chalzedon; der vierte ein Smaragd; der fünfte ein Sardonyx; der sechste ein Sarder; der siebente ein Chrysolith; der achte ein Beryll; der neunte ein Topas; der zehnte ein Chrysopras; der elfte ein Hyazinth; der zwölfte ein Amethyst. "*

*- Offenbarung 21,19-20*

Der Apostel Johannes beschrieb die zwölf Grundsteine im Detail. Warum verfasste Johannes einen so genauen Bericht über das Neue Jerusalem? Gott will, dass Seine Kinder Besitz ergreifen – vom ewigen Leben – und dass sie echten Glauben erlangen, indem sie über die geistliche Bedeutung der zwölf Grundsteine im Neuen Jerusalem informiert sind.

Warum schuf Gott die zwölf Grundsteine aus zwölf Edelsteinen? Die Kombination der zwölf Edelsteine stellt das Herz von Jesus Christus und von Gott dar, der die höchste Liebe verkörpert. Wenn Sie die geistliche Bedeutung von jedem einzelnen der zwölf Edelsteine kennen, können Sie leicht feststellen, wie sehr Ihr Herz das Herz Jesu Christi widerspiegelt und inwieweit Sie sich dafür qualifizieren, ins Neue Jerusalem zu kommen.

Lassen Sie uns die zwölf Edelsteine und ihre geistliche Bedeutung untersuchen.

## Jaspis: Geistlicher Glaube

Der Jaspis, der erste Grundstein in den Mauern des Neuen Jerusalems, steht für geistlichen Glauben. Glaube kann im Allgemeinen in „geistlichen Glauben" und „fleischlichen Glauben" unterteilt werden. Während fleischlicher Glaube nur mit Erkenntnis erfüllt ist, wird geistlicher Glaube von Taten begleitet, die aus der Tiefe des Herzens kommen. Was Gott will, ist nicht fleischlichen, sondern geistlichen Glauben. Wenn Sie keinen geistlichen Glauben haben, dann wird Ihr „Glauben" nicht von Taten begleitet, Sie können Gott weder gefallen noch ins Neue Jerusalem eintreten.

### Geistlicher Glauben ist die Basis für das Leben als Christ

„Geistlicher Glaube" bezieht sich hier auf den Glauben, mit dem man das gesamte Wort Gottes tief im Herzen glauben kann. Wenn Sie solchen Glauben haben, gefolgt von Taten, werden Sie versuchen, heilig zu leben und auf das Neue Jerusalem zustürmen. Geistlicher Glaube ist das wichtigste Element im Leben eines Christen. Ohne Glauben können Sie weder gerettet werden, noch Antworten für Ihre Gebete empfangen oder Hoffnung auf den Himmel haben.

Hebräer 11,6 erinnert uns an Folgendes: *„Ohne Glauben aber ist es unmöglich, ihm wohlzugefallen; denn wer Gott* *naht, muss glauben, dass er ist und denen, die ihn suchen, ein Belohner sein wird.*" Wenn Sie wahren Glauben haben, glauben Sie an Gott, der Sie belohnen wird; so können Sie treu sein, gegen die Sünde ankämpfen, sie aus Ihrem Leben verbannen und auf dem schmalen Weg wandeln. Sie werden auch in der Lage sein, eifrig Gutes zu tun und ins Neue Jerusalem zu kommen, wenn Sie dem Heiligen Geist folgen.

So ist der Glaube die Grundlage des Lebens als Christ. Genauso wenig, wie ein Gebäude, das kein Fundament hat, sicher steht, können auch Sie ohne festen Glauben kein richtiges Leben als Christ führen. Darum drängt uns Judas 1,20-21: *„Ihr aber, Geliebte, erbaut euch auf eurem heiligsten Glauben, betet im Heiligen Geist, erhaltet euch in der Liebe Gottes, indem ihr die Barmherzigkeit unseres Herrn Jesus Christus erwartet zum ewigen Leben."*

### Abraham, der Vater des Glaubens

Das beste Beispiel in der Bibel für jemanden, der Gottes Wort unerschütterlich glaubte und vollkommen gehorsam war, ist Abraham. Er wurde zum „Vater des Glaubens", weil er stets im Glauben handelte.

Er empfing ein segensreiches Wort von Gott, als er 75 war. Ihm wurde verheißen, dass Gott ihn zu einer großen Nation machen werden würde. Er, Abraham, sollte zur Quelle des Segens werden. Er glaubte dieses Wort und verließ seine Heimat; doch er konnte über 20 Jahre lang nicht den Sohn zeugen, der sein Erbe sein sollte.

Es verging so viel Zeit, dass Abraham und seine Ehefrau Sara zu alt wurden, um Kinder zu bekommen. Doch selbst in dieser Situation wurde *„er nicht schwach im Glauben"*, wie wir in

Römer 4,19-20 lesen, sondern er wurde gestärkt im Glauben und glaubte die Verheißung Gottes vollkommen, so dass ihm seine Frau, als er 100 Jahre alt war, einen Sohn gebar – nämlich Isaak.

Es gab allerdings eine weitere Begebenheit, in der Abrahams Glauben noch heller strahlte. Das war, als Gott ihm befahl, seinen einzigen Sohn, Isaak, zu opfern. Abraham zweifelte die Verheißung, die Gott ihm gegeben hatte, nicht an; er glaubte weiter, dass er durch Isaak unzählige Nachkommen haben würde. Da er fest an das Wort Gottes glaubte, dachte er, Gott würde Isaak wieder beleben, selbst wenn er ihn als Brandopfer darbrachte.

So gehorchte Abraham dem Wort Gottes sofort und qualifizierte sich dadurch voll und ganz als Vater des Glaubens. Auch wurde das Volk Israel durch Abrahams Nachkommen gebildet. Dies bedeutet, dass die Frucht seines Glaubens auch im Natürlichen überreichlich sichtbar wurde.

Da er Gott und Seinem Wort glaubte, gehorchte Abraham den Anweisungen, die ihm gegeben wurden. Dies ist ein Beispiel für geistlichen Glauben.

### Petrus empfängt die Schlüssel des Königreichs der Himmel

Lassen Sie uns jemand anderen betrachten, der diese Art von geistlichen Glauben hatte. Was für einen Glauben hatte der Apostel Petrus? Sein Name steht auf einem der Grundsteine im Neuen Jerusalem! Wir wissen, dass Petrus Jesus sogar schon gehorchte, bevor er als Jünger berufen wurde. Als Jesus ihn zum Beispiel aufforderte, seine Netze für einen Fang auszuwerfen, tat er es gleich (Lukas 5,3-6). Als Jesus ihm sagte, er solle eine Eselin und ihr Fohlen bringen, gehorchte er im Glauben (Matthäus 21,1-7). Auch als Jesus ihm auftrug, zum See zu gehen, um einen

Fisch zu fangen und die Münze aus dessen Maul zu nehmen (Matthäus 17,27), gehorchte er. Außerdem ging er wie Jesus auf den Wasser, wenn auch nur für einen Moment. Dies gibt uns eine Vorstellung davon, dass der Glauben von Petrus enorm war.

Jesus stufte den Glauben von Petrus als gerecht ein und gab ihm die Schlüssel für das Reich der Himmel, so dass das, was er auf Erden band, auch im Himmel gebunden wurde, und das, was er auf Erden löste, auch im Himmel gelöst wurde (Matthäus 16,19). Der Glauben von Petrus wurde noch mehr vervollkommnet, nachdem er den Heiligen Geist empfangen hatte. Kühn bezeugte er Jesus Christus und widmete sich dem Königreich Gottes für den Rest seines Lebens, bis er als Märtyrer starb.

Wir sollten uns wie Petrus auf den Himmel zubewegen, Gott die Ehre geben und das Neue Jerusalem in Besitz nehmen - mit einem Glauben, der Ihm wohlgefällt.

## Saphir: Aufrichtigkeit und Integrität

Der Saphir, der zweite Grundstein in den Mauern des Neuen Jerusalem, hat einen transparenten, dunkelblauen Glanz. Wofür steht der Saphir geistlich gesehen? Er steht für die Aufrichtigkeit und Integrität der Wahrheit selbst, die sich den Versuchungen und Bedrohungen dieser Welt standhaft entgegen stellt. Der Saphir ist ein Stein, der zum einen für das Licht der Wahrheit steht, die weiter marschiert, ohne sich zu ändern, und zum anderen für ein „aufrechtes Herz", das den gesamten Willen Gottes als akkurat einstuft.

### Daniel und seine drei Freunde

Ein gutes Beispiel für geistliche Aufrichtigkeit und Integrität in der Bibel finden wir in Daniel und seinen drei Freunden: Schadrach, Meschach und Abed-Nego. Daniel tat nichts, was einen Kompromiss gegenüber der Gerechtigkeit Gottes bedeutet hätte, selbst wenn es sich um einen Befehl des Königs handelte. Er hielt an seiner Gerechtigkeit vor Gott fest, bis man ihn in die Löwengrube warf. Gott gefiel die Integrität von Daniels Glauben so sehr, dass Er ihn durch Engel beschützte, die den Löwen das Maul zu hielten; so konnte er Gott viel Ehre geben.

In Daniel 3,16-18 steht, dass Daniels drei Freunde mit aufrechten Herzen an ihrem Glauben festhielten, bis sie in den Feuerofen geworfen wurden. Um sich nicht durch die Anbetung von Götzen zu versündigen, bekannten sei vor dem König mutig folgendes:

*Nebukadnezar, wir haben es nicht nötig, dir ein Wort darauf zu erwidern. Ob unser Gott, dem wir dienen, uns retten kann – sowohl aus dem brennenden Feuerofen als auch aus deiner Hand, König, wird er uns retten – oder ob nicht: Es sei dir jedenfalls kund, König, dass wir deinen Göttern nicht dienen und uns vor dem goldenen Bild, das du aufgestellt hast, nicht niederwerfen werden.*

Am Ende waren Daniels drei Freunde, obwohl man sie in den Feuerofen (der sieben Mal mehr angeheizt wurde wie sonst) geworfen hatte, nicht mal angesengt - denn Gott war bei ihnen. Wie erstaunlich, dass nicht einmal ein Haar versengt wurde und an ihnen kein Brandgeruch war! Der König, der dies mit eigenen Augen sah, gab Gott die Ehre und beförderte Daniels drei Freunde.

### Wir sollten im Glauben beten, ohne jeden Zweifel

Jakobus 1,6-8 beschreibt, wie sehr Gott Herzen hasst, die nicht aufrichtig sind:

> *Er bitte aber im Glauben, ohne irgend zu zweifeln;*
> *denn der Zweifler gleicht einer Meereswoge, die vom*
> *Wind bewegt und hin und her getrieben wird. Denn*
> *jener Mensch denke nicht, dass er etwas von dem Herrn*
> *empfangen werde, ist er doch ein wankelmütiger Mann,*
> *unbeständig in allen seinen Wegen.*

Wenn wir kein aufrichtiges Herz haben und Gott auch nur ein bisschen anzweifeln, sind wir wankelmütig. Diejenigen, die zweifeln, neigen dazu, sich von den Versuchungen dieser Welt erschüttern zu lassen, weil sie nicht aufmerksam und clever sind. Außerdem können diejenigen, die „wankelmütig" sind, die Herrlichkeit Gottes nicht sehen, weil sie ihren Glauben weder zeigen noch Gott gehorchen können. Darum werden wir daran erinnert: „*[J]ener Mensch denke nicht, dass er etwas von dem Herrn empfangen werde*" (v. 7).

Kurz nach der Gründung meiner Gemeinde starben meine drei Töchter an einer Kohlenmonoxidvergiftung. Aber ich machte mir keine Sorgen und dachte auch nicht darüber nach, sie ins Krankenhaus zu bringen, weil ich Gott dem Allmächtigen vollkommen vertraute. Ich ging einfach ins Heiligtum, kniete mich hin und betete in Dankbarkeit. Danach befahl ich voller

Glauben im Namen Jesus Christi: „Giftiges Gas, weiche!"
Nacheinander betete ich für jede meiner bewusstlosen Töchter.
Daraufhin stand eine nach der anderen sofort auf. Eine Reihe
von Gemeindemitgliedern, die dies mit ansahen, war erstaunt,
freute sich und verherrlichten Gott mächtig.

Wenn man Glauben hat, der nie Kompromisse mit der Welt
eingeht, und ein aufrichtiges Herz besitzt, welches Gott gefällt,
kann man Gott grenzenlos verherrlichen und in Christus ein
gesegnetes Leben führen.

## Chalzedon:
## Unschuld und aufopfernde Liebe

Der Chalzedon, der dritte Grundstein in den Mauern des
Neuen Jerusalem, symbolisiert geistlich gesprochen Unschuld
und aufopfernde Liebe.

Unschuld ist ein Zustand des Reinseins, wo man nicht durch
unreine Handlungen befleckt ist und das Herz keinen Makel hat.
Wenn jemand sich mit dieser Reinheit des Herzens selbst opfert,
ist dieses geistliche Herz wie der Chalzedon.

Aufopfernde Liebe ist eine Art Liebe, die nie um eine
Gegenleistung bittet, weil sie der Gerechtigkeit und dem
Königreich Gottes dient. Wenn jemand aufopfernde Liebe
hat, ist er schon allein mit der Tatsache zufrieden, dass er seine
Mitmenschen in allen möglichen Situationen liebt und dafür
keine Gegenleistung haben will. Der Grund dafür ist, das
geistliche Liebe nicht das Ihre sucht, sondern das anderer.

Fleischliche Liebe fühlt sich dagegen lehr, traurig und
unglücklich, wenn sie nicht zurück geliebt wird, denn diese Art
der Liebe ist von Grund auf selbstsüchtig. So kann jemand mit

fleischlicher Liebe ohne ein aufopferndes Herz andere Menschen schließlich hassen oder denen Feind werden, denen er früher nahe stand.

Uns muss klar werden: Wahre Liebe ist die Liebe des Herrn, der alle Menschen liebte und zum Sühneopfer für sie wurde.

### Aufopfernde Liebe, die nichts als Gegenleistung will

Unser Herr Jesus, der in Gestalt Gottes war, machte sich selbst zu nichts und demütigte sich. Er kam im Fleisch auf die Erde, um die Menschheit zu retten. Er wurde in einem Stall geboren und in eine Krippe gelegt, um Menschen, die wie Tiere waren, zu retten. Er führte ein armes Leben, um uns vor Armut zu retten. Jesus heilte die Kranken, stärkte die Schwachen, gab den Hoffnungslosen Hoffnung und wurde den Vernachlässigten zum Freund. Er erwies uns nur Güte und Liebe. Doch dafür wurde Er von bösen Menschen, die nicht begriffen, dass Er als unser Retter gekommen war, verspottet, ausgepeitscht und am Ende gekreuzigt. Dabei trug Er eine Dornenkrone auf Seinem Haupt.

Jesus betete, selbst während Er die Schmerzen der Kreuzigung litt, voller Liebe zu Gott dem Vater für die, die Ihn verspotteten und kreuzigten. Er war unschuldig und rein, doch Er heiligte sich für Menschen, die allesamt Sünder waren. Unser Herr schenkte diese aufopfernde Liebe der gesamten Menschheit und will, dass wir einander lieben. So sollten auch wir, die wir diese Art der Liebe vom Herrn empfangen haben, von anderen nichts im Gegenzug erwarten, wenn wir einander wirklich lieben.

### Rut zeigte aufopfernde Liebe

Rut war keine Israelitin, sondern Moabiterin. Sie heiratete einen Sohn Noomis, der ins Land Moab gekommen war, um der Hungersnot in Israel zu entfliehen. Noomi hatte zwei Söhne und beide heirateten moabitische Frauen. Doch beide Söhne starben.

Als Noomi unter diesen Umständen erfuhr, dass die Hungersnot in Israel vorbei war, wollte sie dorthin zurückkehren. Sie schlug ihren beiden Schwiegertöchtern vor, in deren Heimatland Moab zu bleiben. Eine von beiden weigerte sich zuerst, doch schließlich kehrte sie zu ihren Eltern zurück.

Wenn Rut keine aufopfernde Liebe gehabt hätte, hätte sie es nicht tun können. Sie wollte ihre Schwiegermutter unterstützen, weil sie sehr alt war. Aber dafür würde sie in einem Land, das ihr vollkommen fremd war, leben müssen. Es gab für sie keine Belohnung, obwohl sie ihrer Schwiegermutter sehr gut diente.

Rut erwies Noomi, zu der keine Blutsverwandtschaft bestand und die praktisch eine vollkommene Fremde war, aufopfernde Liebe. Der Grund war, dass Rut auch an den Gott glaubte, dem ihre Schwiegermutter vertraute. Das bedeutet, dass Ruts aufopfernde Liebe nicht nur ihrem Pflichtgefühl entsprang. Es war geistliche Liebe, geboren aus ihrem Glauben an Gott.

Rut kam mit ihrer Schwiegermutter nach Israel und arbeitete tagsüber fleißig bei der Nachlese auf den Feldern, um Nahrung zu haben und brachte ihrer Schwiegermutter ihre Ernte. Die Tatsache, dass sie ihr so treu diente, blieb den Menschen vor Ort natürlich nicht verborgen. Am Ende empfing Rut großen Segen durch Boas, der ein Löser unter den Verwandten ihrer Schwiegermutter war.

Viele Menschen denken, dass ihr Wert geringer wird, wenn sie sich demütigen und aufopfern. Darum können sie sich nicht opfern und demütigen. Doch diejenigen, die sich ohne selbstsüchtige Motive und mit einem reinen Herzen opfern, werden vor Gott und den Menschen offenbar. Die Güte und Liebe wird für andere als geistliches Licht strahlen. Gott vergleicht das Licht dieser aufopfernden Liebe mit dem Licht des Chalzedons, dem dritten Grundstein.

## Smaragd: Gerechtigkeit und Reinlichkeit

Der Smaragd, der vierte Grundstein in den Mauern des Neuen Jerusalem, ist grün und symbolisiert die Schönheit und das sanfte Grün in der Natur. Smaragde kamen in der Menschheitsgeschichte als erster als Dekoration zum Einsatz und stehen geistlich gesehen für Gerechtigkeit und Reinlichkeit sowie für die Frucht des Lichtes, die in Epheser 5,9 beschrieben ist. Dort heißt es: *„[D]enn die Frucht des Lichts besteht in lauter Güte und Gerechtigkeit und Wahrheit."* Die Farbe, die alle Güte, Gerechtigkeit und Wahrheit harmonisch vereint, ist die vom Smaragd und von seinem geistlichen Licht. Nur wenn wir alle Güte, Gerechtigkeit und Wahrheit besitzen, können wir in Gottes Augen wahre Gerechtigkeit haben.

Güte allein, ohne Gerechtigkeit, reicht nicht aus, genauso wenig wie Gerechtigkeit ohne Güte. Und sowohl die Güte als auch die Gerechtigkeit müssen wahrhaftig sein. Die Wahrheit ändert sich nie. Darum sind Güte und Gerechtigkeit ohne Wahrhaftigkeit bedeutungslos.

Die „Gerechtigkeit" die Gott anerkennt, beinhaltet das

Abwerfen aller Sünden, das Einhalten aller in der Bibel stehenden Gebote, das Reinigen von allen ungerechten Dingen, Treue in allen Bereichen des Lebens und so weiter. Dazu zählt außerdem, gemäß Gottes Willen nach Seinem Königreich und Seiner Gerechtigkeit zu trachten, gerades und diszipliniertes Handeln an den Tag zu legen, nicht vom rechten Weg ab zu kommen und standhaft bei dem zu bleiben, was Recht ist. All das gehört zur „Gerechtigkeit", die Gott anerkennt.

Egal wie sanftmütig und gut wir sein mögen, tragen wir dennoch nicht die Frucht des Lichtes, wenn wir nicht gerecht sind. Stellen Sie sich vor, jemand würde Ihren Vater am Hals packen und ihm irgendwelche Dinge vorwerfen, obwohl er unschuldig ist. Wenn Sie nichts sagen und bloß zuschauen, wie Ihr Vater leidet wird, können wir das nicht echte Gerechtigkeit nennen. Man würde von Ihnen nicht behaupten können, Sie wären Ihren Pflichten Ihrem Vater gegenüber ausreichend nachkommen.

So ist Güte ohne Gerechtigkeit in Gottes Augen keine geistliche „Güte". Wie könnte ein hinterhältiger oder unentschlossener Verstand gut sein? Umgekehrt kann Gerechtigkeit ohne Güte keine „Gerechtigkeit" sein, zumindest in Gottes Augen nicht, auch wenn es sich jemand vielleicht einbilden mag.

### Die Gerechtigkeit und Reinlichkeit Davids

David war nach Saul der zweite König Israels. Als Saul König war, kämpfte Israel gegen die Philister. David fand Gottes Wohlgefallen durch seinen Glauben und besiegte Goliath. Dadurch errang Israel den Sieg.

Als das Volk David deswegen lieb gewann, versuchte Saul ihn

aus Eifersucht zu töten. Gott hatte Saul schon verlassen, weil er arrogant und ungehorsam war. Gott versprach, dass Er David anstelle von Saul zum König machen würde.

In dieser Situation behandelte David Saul mit Güte, Gerechtigkeit und Wahrhaftigkeit. Obwohl er unschuldig war, musste David über einen langen Zeitraum vor Saul fliehen, weil dieser ihn umbringen wollte. Einmal hatte David die Gelegenheit, Saul zu töten. Die Soldaten, die bei David waren, freuten sich darüber und wollten Saul umbringen, doch David hielt sie davon ab.

Im 1. Samuel 24,7 steht: *„Und [David] sagte zu seinen Männern: Das sei vor dem HERRN fern von mir, dass ich so etwas an meinem Herrn, dem Gesalbten des HERRN, tun sollte, meine Hand an ihn zu legen, denn er ist der Gesalbte des HERRN!"*

Obwohl Gott Saul verlassen hatte, konnte David Saul, der von Gott zum König gesalbt worden war, nichts antun. Da es in der Hand Gottes lag, ob Saul leben oder sterben sollte, übertrat David seine Grenzen nicht. Gott beschrieb das Herz Davids als gerecht.

Seine Gerechtigkeit wurde zusammen mit seiner rührenden Güte offenbart. Saul versuchte ihn zu töten, doch David verschonte ihn. Das war wirklich große Güte. Er zahlte Böses nicht mit Bösem heim, sondern mit guten Worten und Taten. Diese Güte und Gerechtigkeit waren wahrhaftig, das heißt, sie kamen aus der Wahrhaftigkeit selbst hervor.

Als Saul erfuhr, dass David ihn verschont hatte, war er von dieser Güte berührt und schien sich deswegen geändert zu haben. Doch bald darauf überlegte er es sich wieder anders und versuchte David zu töten. Erneut bekam David die Gelegenheit, Saul zu töten, doch er ließ ihn leben. So zeigte er unveränderlich Güte und Gerechtigkeit, die Gott anerkennen konnte.

Hätte David Saul bei der ersten Gelegenheit getötet, wäre er schneller König geworden – ohne so viel leiden zu müssen? Natürlich hätte er das. Doch auch wenn wir im Leben zusätzliche Leiden und Schwierigkeiten durchmachen müssen, sollten wir uns von ganzem Herzen für die Gerechtigkeit Gottes entscheiden. Wenn wir dann von Gott als gerecht anerkannt werden, wird die Intensität, mit der Gott für uns bürgt, stärker sein.

David tötete Saul nicht mit eigenen Händen, vielmehr fiel Saul in die Hände der Heiden. So wie Gott es bezeugt hatte, wurde David König von Israel. Auch konnte er, nachdem er König geworden war, das Land zu einer starken Nation machen. Der wichtigste Grund dafür war, dass Gott an Davids gerechtem und reinem Herzen Wohlgefallen hatte.

So müssen auch wir ausgeglichen und vollkommen sein – in Güte, Gerechtigkeit und Wahrheit –, um reichlich die Frucht des Lichtes tragen zu können, das heißt die Furcht des Smaragds, des vieren Grundsteins, und den Duft der Gerechtigkeit verströmen, an dem Gott Gefallen hat.

## Sardonyx: Geistliche Treue

Der Sardonyx, der fünfte Grundstein in den Mauern des Neuen Jerusalem, symbolisiert geistlich gesprochen Treue. Wenn wir einfach das tun, was wir tun sollen, können wir nicht sagen, wir seien treu. Wir können erst sagen, dass wir treu sind, wenn wir mehr tun, als wir sollen. Wenn wir mehr tun wollen, als was unseren Pflichten entspricht, dürfen wir nicht faul sein. Wir müssen bei allen unseren Pflichten gewissenhaft und fleißig sein und darüber hinaus noch mehr tun.

Stellen Sie sich vor, Sie sind ein Angestellter. Wenn Sie nur Ihre Arbeit tun, können wir dann sagen, Sie seien treu? Sie haben doch nur getan, was Sie tun sollten, darum können wir nicht behaupten, Sie seien fleißig und treu. Sie sollten nicht nur die Ihnen aufgetragene Arbeit erledigen, sondern darüber hinaus versuchen, solche Dinge von ganzem Herzen und mit Ihrem ganzen Verstand zu tun, die Ihnen eigentlich nicht angetragen wurden. Nur dann kann man sagen, dass Sie treu sind.

Die Art der fleißigen Treue, die Gott anerkennt, bedeutet, dass Sie Ihre Pflichten von ganzem Herzen, mit ganzem Verstand, ganzer Seele und Ihrem ganzen Sein erfüllen. Diese Treue muss in allen Bereichen umgesetzt werden: in der Gemeinde, auf der Arbeit und in der Familie. Dann können wir sagen, dass Sie im ganzen Haus Gottes treu sind.

### Geistlich treu sein

Um geistliche Treue zu haben, sollten wir zuerst ein gerechtes Herz haben. Wir sollten uns sehnlichst wünschen, dass das Königreich Gottes ausgebaut wird, dass die Gemeinde Erweckung erlebt und wächst, dass der Arbeitsplatz floriert und unsere Familien glücklich sind. Wenn wir nicht nur das Unsere suchen, sondern auch wollen, dass es anderen und der Gemeinschaft wohlergeht, zeugt das von einem gerechten Herzen.

Neben einem gerechten Herzen erfordert Treue, dass wir

ein aufopferndes Herz haben. Wenn wir bloß denken: „Das Wichtigste ist mein Wohlstand, und nicht, ob die Gemeinde erwachsen wird oder nicht", dann bringen wir wahrscheinlich für die Gemeinde keine Opfer. Bei solch einer Person kann man keine Treue vorfinden. Auch kann Gott nicht sagen, dass ein solches Herz gerecht ist.

Neben dieser Gerechtigkeit werden wir auch treu für die Errettung von Seelen und für die Gemeinde arbeiten, wenn wir ein opferbereites Herz haben. Selbst wenn wir keine besonderen Aufgaben haben, predigen wir das Evangelium unablässig. Auch wenn uns niemand darum bittet, kümmern wir uns um andere Seelen. Wir opfern ebenso unsere Freizeit, um uns um andere Seelen zu kümmern, geben unser eigenes Geld für sie aus und schenken ihnen all unsere Liebe und Treue.

Damit aus dieser Treue das wird, was man als „Treue im ganzen Haus Gottes" bezeichnet, sollten wir zusätzlich die Güte des Herzens entwickeln. Die, die von Herzen gut sind, gehen nicht von einem Extrem zum anderen. Wenn wir einen gewissen Punk vernachlässigt haben, wird es uns damit nicht gut gehen, wenn wir uns die Güte des Herzens zu Eigen gemacht haben.

Wenn Sie Güte im Herzen haben, werden Sie in all Ihren Pflichten treu sein. Sie würden eine andere Gruppe nicht vernachlässigen und sagen: „Da ich der Leiter dieser Gruppe bin, werden die Mitglieder der anderen Gruppe schon verstehen, warum ich nicht an ihrer Sitzung teilnehmen kann." Vielmehr spüren Sie durch Ihre Güte, dass Sie die andere Gruppe nicht vernachlässigen sollten. Selbst wenn Sie dann an der Besprechung nicht teilnehmen können, tun Sie auch etwas für die andere Gruppe und sorgen für sie.

Die Reichweite dieser Einstellung hängt von der Größe Ihrer Güte ab. Wenn Sie wenig Güte haben, wird Ihnen die andere Gruppe eigentlich gar nicht so wichtig sein. Doch wenn Sie mehr Güte haben, werden Sie es nicht einfach ignorieren, wenn Sie im Herzen Unbehagen empfinden. Sie wissen, welche Handlungen Güte darstellen und wenn Sie diese Güte nicht erreichen, ist es schwer für Sie, das zu ertragen. Sie werden erst dann Frieden haben, wenn Sie aus Güte heraus Gutes tun.

Diejenigen, die Güte im Herzen haben, werden bald etwas im Herzen spüren, wenn sie nicht das tun, was sie in einer bestimmten Situation tun sollen, egal ob auf der Arbeit oder zu Hause. Sie reden sich auch nicht damit heraus, dass die Situation Ihnen etwas Bestimmtes nicht erlaubt.

Stellen Sie sich vor, es gibt eine Schwester in der Gemeinde, die viele Titel hat. Sie verbringt viel Zeit in der Gemeinde. Relativ gesprochen verbringt sie mit ihrem Ehemann und ihren Kindern nun weniger Zeit als in der Vergangenheit.

Wenn sie wirklich von Herzen gut und in Gottes ganzem Haus treu ist, muss sie ihrem Mann und ihren Kindern jetzt mehr Liebe und Fürsorge erweisen, da sie nun weniger Zeit hat. Sie muss in allen Bereichen und in all ihrem Tun ihr Bestes geben.

Dann werden die Menschen um sie herum das wahrhaftige Aroma ihres Herzens spüren und zufrieden sein. Weil sie die Güte und wahrhaftige Liebe spüren, werden sie versuchen, sie zu verstehen und ihr zu helfen. Daraus ergibt sich, dass sie mit allen Frieden hat. Genau das bedeutet es, im ganzen Haus Gottes treu zu sein.

### Wie Mose, der im ganzen Hause Gottes treu war

Mose war ein Prophet, den Gott in einem solchen Maß anerkannte, dass Er von Angesicht zu Angesicht mit ihm sprach. Mose kam allen seinen Pflichten vollkommen nach, um die Dinge zu erledigen, die Gott befohlen hatte – ohne dass er viel darüber nachdachte, wie schwer es für ihn sein würde. Das Volk Israel beschwerte sich immer wieder und war oft ungehorsam, wenn es auch nur die geringsten Schwierigkeiten hatte – und das, nachdem es große Zeichen und Wunder Gottes erlebt hatte. Doch Mose leitete die Israeliten weiter im Glauben und in Liebe. Selbst als Gott auf das Volk Israel wegen dessen Sünden zornig wurde, wandte sich Mose nicht von Israel ab. Er wandte sich an den Herrn und sagte:

*Ach, dieses Volk hat eine große Sünde begangen: Sie haben sich einen Gott aus Gold gemacht. Und nun, wenn du doch ihre Sünde vergeben wolltest! Wenn aber nicht, so lösche mich denn aus deinem Buch, das du geschrieben hast, aus* (2. Mose 32,31-32).

So fastete er für das Volk, riskierte sein eigenes Leben und war in stärkerem Maße treu, als Gott das von ihm erwartet hatte. Darum erkannte Gott Mose an und sagte über ihn, dass er in Seinem ganzen Haus treu war (4. Mose 12,7).

Außerdem bedeutet die Treue, die der Sardonyx symbolisiert, dass man bis zum Tod treu ist, wie es in Offenbarung 2,10 steht. Das ist nur möglich, wenn wir Gott mehr lieben, als alle anderen. Das bedeutet, dass wir all unsere Zeit und unser Geld und sogar unser Leben geben und mit ganzem Herzen und Verstand mehr tun, als uns aufgetragen wurde.

Früher gab es loyale Gefolgsmänner, die ihrem König halfen und ihren Nationen gegenüber so treu waren, dass sie ihr eigenes Leben opferten. Wenn der König ein Tyrann war, rieten wahrhaft loyale Gefolgsmänner dem König, richtig zu handeln. Sie taten dies, obwohl sie das leicht ihr Leben hätten kosten können. Sie hätten ins Exil verbannt oder getötet werden können, doch sie waren loyal, weil sie den König und das Land liebten – auch wenn diese Liebe sie das Leben hätte kosten können.

Wir müssen Gott an erster Stelle lieben, um mehr tun zu können, als uns aufgetragen wurde, so wie jene loyalen Gefolgsmänner ihr Leben für ihre Nation gaben und wie Mose im ganzen Haus Gottes treu war, um das Königreich Gottes und Seine Gerechtigkeit voranzubringen. So sollten wir uns rasch heiligen und in allen Bereichen unseres Lebens treu sein, um uns für den Einzug ins Neue Jerusalem zu qualifizieren.

## Sarder: Leidenschaftliche Liebe

Der Sarder ist von transparenter, dunkelroter Farbe und symbolisiert die brennend heiße Sonne. Er stellt den sechsten Grundstein in den Mauern des Neuen Jerusalems dar und steht geistlich gesehen für Leidenschaft, Enthusiasmus und eine brennende Liebe dafür, Gottes Königreich und Gerechtigkeit voranzubringen. Er symbolisiert ein Herz, das die ihm anvertrauten Aufgaben und Pflichten mit ganzer Kraft treu erfüllt.

### Verschiedene Ebenen leidenschaftlicher Liebe

Es gibt viele Ebenen der Liebe, aber allgemein kann sie in geistliche und fleischliche Liebe unterschieden werden. Geistliche Liebe ändert sich nie, weil sie von Gott geschenkt ist; dagegen ändert sich fleischliche Liebe leicht, hauptsächlich, weil sie selbstsüchtig ist.

Egal wie wahrhaftig die Liebe von weltlichen Leuten sein mag, sie kann nie zu geistlicher Liebe werden, denn das ist die Liebe des Herrn, die nur in der Wahrheit empfangen werden kann. Auch können wir geistliche Liebe nicht sofort haben, wenn wir die Wahrheit erkennen. Wir können sie nur erlangen, nachdem wir das Herz des Herrn widerspiegeln.

Haben Sie diese geistliche Liebe? Sie können sich anhand der Definition geistlicher Liebe, wie sie im 1. Korinther 13,4-7 zu finden ist, prüfen.

> *Die Liebe ist langmütig, die Liebe ist gütig, sie neidet nicht, die Liebe tut nicht groß, sie bläht sich nicht auf, sie benimmt sich nicht unanständig, sie sucht nicht das Ihre, sie lässt sich nicht erbittern, sie rechnet Böses nicht zu, sie freut sich nicht über die Ungerechtigkeit; sondern sie freut sich mit der Wahrheit, sie erträgt alles, sie glaubt alles, sie hofft alles, sie erduldet alles.*

Wenn wir beispielsweise geduldig, aber selbstsüchtig sind oder wenn wir vielleicht nicht schnell zornig werden, aber gemein sind, haben wir die geistliche Liebe, über die Paulus schreibt, noch nicht erreicht; um echte geistliche Liebe zu haben, darf uns kein Punkt fehlen.

Wenn Sie sich beispielsweise immer noch einsam fühlen oder

eine Leere spüren, auch wenn Sie meinen, Sie hätten geistliche Liebe, liegt das daran, dass Sie im Gegenzug etwas empfangen wollten, ohne sich dessen bewusst zu sein. Ihr Herz ist noch nicht vollkommen mit der Wahrheit der geistlichen Liebe erfüllt.

Wenn Sie dagegen mit geistlicher Liebe erfüllt sind, werden Sie sich nie allein oder leer fühlen, sondern immer froh, glücklich und dankbar sein. Geistliche Liebe freut sich beim Geben: je mehr man gibt, desto mehr ist man froh, dankbar und glücklich.

### Geistliche Liebe freut sich, wenn sie sich selbst verschenkt

In Römer 5,8 hießt es: *„Gott aber erweist seine Liebe zu uns darin, dass Christus, als wir noch Sünder waren, für uns gestorben ist."*

Gott liebt Jesus, Seinen einzigen Sohn, so sehr, weil Jesus die Wahrheit selbst ist, welche wiederum Gott selbst vollkommen gleich ist. Doch Er gab Seinen einzigen Sohn als Sühneopfer. Wie groß und kostbar ist doch die Liebe Gottes!

Gott erwies Seine Liebe für uns darin, dass Er Seinen einzigen Sohn opferte. Darum steht in 1. Johannes 4,16 auch: *„Und wir haben erkannt und geglaubt die Liebe, die Gott zu uns hat. Gott ist Liebe, und wer in der Liebe bleibt, bleibt in Gott und Gott bleibt in ihm."*

Um ins Neue Jerusalem kommen zu können, brauchen wir Gottes Liebe, mit der wir uns selbst opfern können – eine Liebe, die sich beim Geben freut, so dass wir Beweise vorlegen können, die unser Leben mit Gott bezeugen.

### Die leidenschaftliche Liebe des Apostel Paulus für Seelen

Paulus ist ein sehr biblisches Beispiel für ein derart

leidenschaftliches Herz, das einem Sarder gleicht, weil er sich dem Königreich Gottes verschrieben hatte. Von dem Augenblick an, in dem er dem Herrn begegnete, bis zum Zeitpunkt seines Todes, liebte er den Herrn in seinem Tun unveränderlich. Als Apostel für die Heiden rettete er viele Seelen und gründete auf seinen drei Missionsreisen viele Gemeinden. Bis er in Rom als Märtyrer starb, sprach er fortwährend über Jesus Christus.

Der Weg von Paulus als Apostel für die Heiden war sehr schwierig und gefährlich. Er fand sich in vielen lebensbedrohlichen Situationen wieder und die Juden verfolgten ihn ständig. Er wurde geschlagen und ins Gefängnis geworfen und er erlitt drei Mal Schiffbruch. Er musste ohne Schlaf auskommen, war oft hungrig und durstig, litt unter Kälte und Hitze. Auf seinen Missionsreisen gab es immer zahlreiche Situationen, die für einen Menschen schwer zu ertragen waren.

Trotzdem bereute Paulus seine Entscheidung nie. Ihm kam nie, auch nicht für einen Augenblick, der Gedanke: „Es ist schwierig und ich will mich zumindest für eine kurze Zeit ausruhen..." Im Herzen schwankte er nie und fürchtete sich nie und nirgends vor etwas. Auch wenn er viele Schwierigkeiten durchleben musste, war sein Hauptanliegen immer nur die Gemeinde und die Gläubigen.

Das, was er im 2. Korinther 11,28-29 bekannte, trifft zu: „[A]ußer dem Übrigen noch das, was täglich auf mich eindringt: die Sorge um alle Gemeinden. Wer ist schwach, und ich bin nicht schwach? Wer nimmt Anstoß, und ich brenne nicht?"

Bis er am Ende sein Leben gab, demonstrierte Paulus Leidenschaft und Eifer bei seinen Bemühungen, Seelen zu retten. Wir können in Romans 9,3 sehen, welch leidenschaftliches Verlangen er danach hatte, dass Menschen gerettet wurden:

*„[D]enn ich selbst, ich habe gewünscht, verflucht zu sein von Christus weg für meine Brüder, meine Verwandten nach dem Fleisch."*

An dieser Stelle bezieht sich „meine Brüder" nicht bloß auf Verwandte. Es bezog sich auf alle Israeliten, einschließlich der Juden, die ihn verfolgten. Er sagte, er würde sogar in die Hölle gehen, wenn sie dadurch nur errettet würden. So können wir sehen, wie groß seine leidenschaftliche Liebe für Seelen war und wie eifrig er sich ihre Errettung wünschte.

Diese leidenschaftliche Liebe für den Herrn, dieser Eifer und das Bemühen für die Errettung anderer wird durch die rote Farbe des Sarders repräsentiert.

## Chrysolith: Barmherzigkeit

Der Chrysolith, der siebte Grundstein in den Mauern des Neuen Jerusalem, ist ein transparenter oder halbtransparenter Stein, der gelb, grün, blau oder rosa aussehen kann und manchmal vollkommen transparent ist.

Was symbolisiert ein Chrysolith geistlich gesehen? Geistliche Barmherzigkeit bedeutet, jemanden wirklich zu verstehen, den man gar nicht verstehen kann und einer Person wirklich zu vergeben, der man eigentlich nicht vergeben kann. Wirklich zu verstehen und zu vergeben, bedeutet, mit Liebe und Güte zu verstehen und zu vergeben. Diese Art der Barmherzigkeit, mit der wir andere in Liebe annehmen können, ist jene Barmherzigkeit, die der Chrysolith darstellt.

Menschen mit dieser Barmherzigkeit haben keinerlei Vorurteile. Sie denken nicht: „Ich mag ihn aus diesem Grund nicht. Ich mag sie aus jenen Grund nicht." Es gibt niemanden,

den sie nicht mögen oder hassen. Natürlich hegen sie auch keine Feindschaften.

Sie betrachten alles auf eine schöne Weise. Sie nehmen jeden Menschen einfach an. Sie hassen die Sünde, aber nicht den Sünder. Sie bringen ihm Verständnis entgegen und schließen ihn ins Herz. Das ist Barmherzigkeit.

### Das Herz der Barmherzigkeit - durch Jesus und Stephanus offenbart

Jesus war barmherzig gegenüber Judas Iskariot, der Ihn verkaufte. Er wusste von Anfang an, dass Judas Ihn verraten würde. Trotzdem schloss Jesus ihn nicht aus und blieb auch nicht auf Abstand. Er hegte ihm gegenüber weder Abneigung noch Hass. Das macht ein barmherziges Herz aus.

Sogar als Jesus ans Kreuz geschlagen wurde, beschwerte Er sich nicht und hasste auch niemanden. Stattdessen ging Er in die Fürbitte für die, die Ihm Schmerzen zufügten und Ihn verletzten, wie in Lukas 23,34 geschrieben steht: *„Vater, vergib ihnen! Denn sie wissen nicht, was sie tun."*

Auch Stephanus hatte diese Barmherzigkeit. Obwohl er kein Apostel war, war er voller Gnade und Kraft. Am Ende steinigten ihn bösen Menschen. Doch selbst als er gesteinigt wurde, betete er für die, die ihn töteten. Das steht in Apostelgeschichte 7,60 geschrieben: *„Und niederkniend rief er mit lauter Stimme: Herr, rechne ihnen diese Sünde nicht zu! Und als er dies gesagt hatte, entschlief er."*

Die Tatsache, dass Stephanus für seine Mörder betete, beweist, dass er ihnen schon vergeben hatte. Er hasste sie nicht. Das zeigt, dass er die vollkommene Frucht der Barmherzigkeit hatte und für jene Menschen Mitleid empfand.

Gibt es jemanden, den Sie hassen oder nicht mögen, vielleicht ein Familienmitglied, einen Glaubensbruder oder Arbeitskollegen oder wenn auch immer? Denken Sie von demjenigen: „Ich mag seine Einstellung nicht. Er widersetzt sich mir immer; ich mag ihn nicht."? Oder können Sie jemanden einfach nicht leiden? Bleiben Sie von ihm fern? Wenn ja, wie weit sind Sie dann von der „Barmherzigkeit" entfernt?

Es sollte niemanden geben, den wir nicht mögen oder hassen. Wir sollten in der Lage sein, alle zu verstehen, anzunehmen und ihnen in Güte zu begegnen. Gott der Vater zeigt uns die Schönheit von Barmherzigkeit mit dem edlen Chrysolith.

**Ein barmherziges Herz umschließt alles**

Was ist der Unterschied zwischen Liebe und Barmherzigkeit?

Geistliche Liebe bedeutet, dass man sich opfert, ohne eigene Interessen zu verfolgen, persönlichen Nutzen haben zu wollen oder eine Gegenleistung zu erwarten, während Barmherzigkeit die Gewichtung auf Vergebung und Toleranz legt. Anders ausgedrückt bewirkt Barmherzigkeit ein verständiges Herz; sie hasst nicht einmal diejenigen, die man nicht verstehen oder lieben kann. Barmherzigkeit hasst und verhöhnt niemanden, sondern stärkt und tröstet andere. Wenn man solch ein warmes Herz hat, wird man nicht auf die Fehler und Makel anderer zeigen.

Wie sollten wir uns gegenüber bösen Menschen verhalten? Wir müssen bedenken, dass wir früher auch böse waren, aber dann zu Gott fanden, weil uns jemand anders zur Wahrheit geführt hatte – und zwar in Liebe und Vergebung.

Wenn wir mit Lügnern in Kontakt kommen, vergessen wir

oft, dass wir früher – bevor wir zum Glauben an Gott kamen – auch zu unseren Gunsten gelogen haben. Anstatt solche Menschen zu meiden, sollten wir ihnen gegenüber barmherzig sein, so dass sie sich von ihren bösen Wegen abwenden können. Nur wenn wir ihnen Verständnis entgegenbringen und sie tolerant und liebevoll leiten, können sie sich ändern und zur Wahrheit kommen, bis sie sie wirklich begreifen. So behandelt die Barmherzigkeit jeden gleich – ohne Vorurteile; sie beleidigt niemanden und versucht alles auf eine gute Art und Weise zu verstehen – egal, ob Sie es mögen oder nicht.

## Beryll: Geduld

Beryll, der achte Grundstein in den Mauern des Neuen Jerusalems, ist von blauer oder dunkelgrüner Farbe und erinnert an das blaue Meer. Wofür steht der Beryll geistlich gesehen? Er symbolisiert Geduld beim Aufbauen von Gottes Königreich und dem Erreichen Seiner Gerechtigkeit. Der Beryll steht für ausdauernde Liebe, auch gegenüber Menschen, die einen verfolgen, verfluchen oder hassen; diese Ausdauer hasst nicht, streitet nicht und bekämpft solche Leute auch nicht.

Jakobus 5,10 fordert uns mit den folgenden Worten eindringlich so dazu auf: *„Nehmt, Brüder, zum Vorbild des Leidens und der Geduld die Propheten, die im Namen des Herrn geredet haben!"* Wir können andere Menschen ändern, wenn wir mit ihnen Geduld haben.

## Geduld als Frucht des Heiligen Geistes und geistlicher Liebe

Die Geduld finden wir in Galater 5 als eine der neun Früchte des Heiligen Geistes und im 1. Korinther 13 als eine Frucht der Liebe. Gibt es einen Unterschied zwischen der Geduld als einer Frucht des Heiligen Geistes und der Geduld als Frucht der Liebe?

Einerseits bezieht sich die Geduld in der Liebe auf jene Geduld, die nötig ist, wenn man innerlich Schweres durchleben muss, beispielsweise mit denen geduldig sein muss, die einen beleidigen; sie kann sich aber auch auf schwierige Zeiten, die man erlebt, beziehen. Auf der anderen Seite bezieht sich Geduld als Frucht des Heiligen Geistes auf jene Geduld in der Wahrheit und Langmut vor Gott – in allen Bereichen.

Geduld als Frucht des Heiligen Geistes hat somit eine breitere Bedeutung; sie schließt Geduld in persönlichen Angelegenheiten ebenso ein wie in denen, die das Königreichs Gottes und Seine Gerechtigkeit betreffen.

### Verschiedene Arten der Geduld in der Wahrheit

Die Geduld, die nötig ist, um Gottes Königreich aufzubauen und Gerechtigkeit walten zu lassen, kann in drei verschiedene Arten eingeteilt werden.

Erstens gibt es Geduld zwischen Gott und uns. Wir müssen geduldig sein, bis die Verheißung Gottes erfüllt ist. Gott der Vater ist treu; wenn Er einmal etwas gesagt hat, wird Er es ganz sicher tun. Er macht kein Versprechen unwirksam. Wenn wir also eine Verheißung von Gott empfangen haben, müssen wir

79

Geduld üben, bis sie erfüllt wird.

Wenn wir Gott um etwas gebeten haben, müssen wir geduldig sein, bis die Antwort kommt. Manche Gläubige sagen Dinge wie: „Ich habe die ganze Nacht gebetet und sogar gefastet, aber trotzdem ist die Antwort noch nicht da." Das ist gerade so, als würde ein Bauer, der gerade etwas ausgesät hat, den Boden wieder umgraben, weil die Frucht nicht sofort kommt. Wenn wir Samen gesät haben, müssen wir geduldig sein, bis er aufsprießt, wächst, Blüten treibt und dann Früchte trägt.

Ein Bauer zieht das Unkraut heraus und schützt seine Ernte vor schädlichen Insekten. Er muss viel arbeiten und schwitzen, bevor er Früchte sieht. Auch wir müssen Dinge tun, um die Antwort zu empfangen, nachdem wir gebetet haben. Wir müssen das rechte Maß erfüllen, nach dem Maß der sieben Geister: Glaube, Freude, Gebet, Danksagung, fleißige Treue, das Einhalten der Gebote und Liebe.

Gott antwortet uns nur gleich, wenn wir das geforderte Maß an Glauben mitbringen. Wir müssen begreifen, dass die Gebetserhörung umso vollkommener sein wird, je länger wir vor Gott geduldig sind. So wollen wir uns freuen und noch mehr danken.

Zweitens gibt es Geduld zwischen den Menschen. Die Geduld der geistlichen Liebe gehört zu dieser Art der Langmut. Um andere Menschen zu lieben, egal in welcher Beziehung wir zu ihnen stehen, brauchen wir Geduld.

Wir brauchen Geduld, um an andere Menschen zu glauben, um sie zu ertragen und um zu hoffen, dass es ihnen wohlergehen wird. Auch wenn jemand genau das Gegenteil tut von dem, was wir erwartet haben, müssen wir in allem geduldig sein. Wir müssen Verständnis haben, ihn akzeptieren, ihm vergeben, nachgeben und geduldig sein.

Diejenigen, die versuchen, viele Menschen zu evangelisieren, haben es wahrscheinlich schon erlebt, dass man sie verflucht und verfolgt hat. Doch wenn sie von Herzen geduldig sind, suchen sie diese Leute erneut auf – mit einem Lächeln auf dem Gesicht. Sie lieben es, Seelen zu retten; darum freuen sie sich, sind dankbar und geben nie auf. Wenn sie diese Art von Geduld demonstrieren – in Güte und Liebe gegenüber der Person, die sie evangelisieren wollen –, weicht die Finsternis von ihr wegen des Lichtes. So kann der Kandidat sein Herz öffnen, das Evangelium annehmen und gerettet werden.

Drittens gibt es Geduld, um das Herz zu verändern.

Um unser Herz zu verändern, müssen wir Unwahrheiten und das Böse herausziehen und stattdessen Wahrheit und Güte hineinpflanzen. Das Verändern unseres Herzens kann man mit dem Aufräumen eines Ackers vergleichen. Wir müssen die Steine entfernen und das Unkraut herausreißen. Manchmal müssen wir den Boden auch umpflügen. So kann er zu einem guten Acker werden und dann wird alles, was wir säen, wachsen und Frucht tragen.

Das Gleiche gilt für die Herzen der Menschen. In dem Maße, wie wir Böses in unserem Herzen vorfinden und es hinauswerfen, können wir guten Boden in unserem Herzen haben. Wenn dann das Wort Gottes gesät wird, kann es aufsprießen, gut wachsen und Frucht tragen. Und so wie man schwitzen und fleißig arbeiten muss, um einen Acker frei zu räumen, müssen wir das Gleiche tun, um unser Herz zu verändern. Wir müssen im Gebet ernsthaft mit unserer ganzen Kraft und von ganzem Herzen zu Ihm rufen. Dann können wir die Kraft des Heiligen Geistes empfangen, um unsere fleischlichen Herzen, die wie braches

Land sind, zu pflügen.

Dieser Prozess ist nicht so einfach, wie mancher denken mag. Das ist der Grund, warum manche Leute bedrückt und mutlos sind oder gar verzweifeln. Darum brauchen wir Geduld. Auch wenn es scheint, als würden wir uns nur sehr langsam verändern, sollten wir nie enttäuscht sein oder aufgeben.

Wir sollten an die Liebe des Herrn denken, der für uns am Kreuz gestorben ist; wir sollten neue Kraft empfangen und den Acker unseres Herzens weiter bearbeiten. Wir sollten außerdem aufschauen zu der Liebe und den Segnungen Gottes, die Er uns gibt, wenn wir unsere Herzen vollkommen bearbeitet haben. Des Weiteren sollten wir mit immer größerer Dankbarkeit arbeiten.

Wenn wir nichts Böses in uns hätten, wäre das Wort „üben" nicht nötig. Desgleichen gilt, dass – wenn wir nur Liebe, Vergebung und Verständnis hätten – es keinen Raum für „Geduld" gäbe. Gott, der selbst Güte und Liebe ist, braucht gar nicht geduldig zu sein. Dennoch sagt Er uns, dass Er mit uns „geduldig" ist, um uns zu helfen, das zu erfassen, was hinter „Geduld" steckt. Wir sollen erkennen, dass je mehr wir unter bestimmten Umständen Geduld üben müssen, desto mehr haben wir Böses im Herzen.

Wenn wir nichts mehr haben, bei dem wir Geduld brauchen, nachdem wir die vollkommene Frucht der Geduld entwickelt haben, werden wir immer froh sein, von überall nur Gutes hören und uns in unserem Herzen so leicht fühlen, als würden wir auf Wolken wandeln.

## Topas: Geistliche Güte

Der Topas, der neunte Grundstein in den Mauern des Neuen

Jerusalems, ist eine Mischung aus roten und orangen Tönen, die ineinander überfließen und durchscheinend sind. Das geistliche Herz, das durch den Topas symbolisiert wird, ist mit geistlicher Güte erfüllt. Güte an sich ist eine Eigenschaft, die sich durch Freundlichkeit, Hilfsbereitschaft und Ehrlichkeit auszeichnet. Doch geistliche Güte hat eine noch tiefergehende Bedeutung.

Güte zählt auch zu den neun Früchten des Heiligen Geistes und beschreibt das Gleiche wie die Güte, die der Topas repräsentiert. Geistlich gesehen bedeutet es, nach der Güte im Heiligen Geist zu trachten.

Jeder hat einen Standard, gemäß dem er zwischen Recht und Unrecht oder Gut und Böse unterscheidet. Man nennt das auch das „Gewissen". Was man unter Gewissen versteht, hängt von der jeweiligen Ära ab, unterscheidet sich aber auch von Land zu Land und Mensch zu Mensch.

Der Standard mit dem man die Größe von geistlicher Güte bemisst, ist eindeutig das Wort Gottes, das heißt die Wahrheit. Wenn wir also aus unserer Perspektive heraus nach Güte trachten, ist es keine geistliche Güte. Wenn man dagegen nach gottgefälliger Güte trachtet, ist es geistliche Güte.

In Matthäus 12,35 steht: *„Der gute Mensch bringt aus dem guten Schatz Gutes hervor."* So bringen diejenigen, die geistliche Güte besitzen, diese hervor. Egal, wo sie hingehen und wem sie begegnen, fließen gute Worte von ihren Lippen und sie tun Gutes.

So wie diejenigen, die Parfüm benutzen, angenehm duften, wird das Aroma der Güte von denen ausgehen, die Güte haben. Genauer gesagt ist es das Aroma der Güte Christi. Wenn man nur im Herzen nach Güte trachtet, kann man das nicht Güte nennen. Wenn wir ein Herz haben, das nach Güte trachtet, werden wir automatisch den Duft Christi verströmen – mit guten Worten und Taten. So sollten wir moralische Tugenden an den Tag legen und die Menschen um uns herum lieben. Das ist Güte – im wahrsten geistlichen Sinne.

### Die Messlatte zum Bemessen geistlicher Güte

Gott selbst ist gut und Güte findet man überall in der Bibel, dem Wort Gottes. Es gibt auch Verse in der Bibel, die stärker in den Farben des Topases, der geistlichen Güte, erstrahlen.

Zunächst finden wir Güte in Philipper 2,1-4, wo es heißt: *„Wenn es nun irgendeine Ermunterung in Christus gibt, wenn irgendeinen Trost der Liebe, wenn irgendeine Gemeinschaft des Geistes, wenn irgendein herzliches Mitleid und Erbarmen, so erfüllt meine Freude, dass ihr dieselbe Gesinnung und dieselbe Liebe habt, einmütig, eines Sinnes seid, nichts aus Eigennutz oder eitler Ruhmsucht tut, sondern dass in der Demut einer den anderen höher achtet als sich selbst; ein jeder sehe nicht auf das Seine, sondern ein jeder auch auf das der anderen!"*
Auch wenn wir meinen, etwas ist nicht richtig, können wir uns mit anderen doch eins machen und ihrer Meinung zustimmen, wenn wir nach der Güte des Herrn trachten. Dann werden wir keinen Streit anfangen und auch nicht das Verlangen haben, stolz zu sein oder uns von anderen hochloben zu lassen. Stattdessen werden wir mit demütigen Herzen andere aufrichtig als besser betrachten. Wir werden unser Arbeit treu und verantwortungsvoll verrichten und sogar in der Lage sein, anderen bei ihrer Arbeit zu helfen.
Wir können im Gleichnis vom barmherzigen Samariter in Lukas 10,25-37 schnell sehen, welche Person ein gütiges Herz

hat:

> *Jesus aber nahm das Wort und sprach: Ein Mensch*
> *ging von Jerusalem nach Jericho hinab und fiel unter*
> *Räuber, die ihn auch auszogen und ihm Schläge*
> *versetzten und weggingen und ihn halb tot liegen*
> *ließen. Zufällig aber ging ein Priester jenen Weg hinab;*
> *und als er ihn sah, ging er an der entgegengesetzten*
> *Seite vorüber. Ebenso aber kam auch ein Levit, der*
> *an den Ort gelangte, und er sah ihn und ging an der*
> *entgegengesetzten Seite vorüber. Aber ein Samariter,*
> *der auf der Reise war, kam zu ihm hin; und als er ihn*
> *sah, wurde er innerlich bewegt; und er trat hinzu und*
> *verband seine Wunden und goss Öl und Wein darauf;*
> *und er setzte ihn auf sein eigenes Tier und führte ihn in*
> *eine Herberge und trug Sorge für ihn. Und am folgenden*
> *Morgen zog er zwei Denare heraus und gab sie dem*
> *Wirt und sprach: Trage Sorge für ihn! Und was du noch*
> *dazu verwenden wirst, werde ich dir bezahlen, wenn ich*
> *zurückkomme. Was meinst du, wer von diesen dreien*
> *der Nächste dessen gewesen ist, der unter die Räuber*
> *gefallen war?* (Lukas 10,30-36)

Wer verhielt sich wie ein echter „Nächster", wie jemand
der Nächstenliebe demonstrierte? Der Priester, der Levit und
der Samariter? Nur der Samariter kann der wahre Nächste des
Mannes, der ausgeraubt worden war, sein, denn er bewies ein
gütiges Herz und traf die richtige Entscheidung, auch wenn er
als Heide galt.

Dieser Samariter kannte das Wort Gottes vielleicht dem
Verstand nach nicht sehr gut. Doch man sieht, dass er ein Herz

hatte, das von Güte bewegt wurde. Das bedeutet, er hatte geistliche Güte, die sich an der Güte Gottes orientierte. Auch wenn wir unsere Zeit und unser Geld investieren, müssen wir uns für die Güte Gottes – das heißt für geistliche Güte – entscheiden.

### Jesu Güte

Ein weiterer Bibelvers, der im Licht der Güte hell erstrahlt, steht in Matthäus 12,19-20. Er handelt von der Güte Jesu. Dort heißt es:

> *Er wird nicht streiten noch schreien, noch wird jemand seine Stimme auf den Straßen hören; ein geknicktes Rohr wird er nicht zerbrechen, und einen glimmenden Docht wird er nicht auslöschen, bis er das Recht hinausführe zum Sieg;*

Die Formulierung „bis er das Recht hinausführe zum Sieg" betont, dass Jesus über den gesamten Prozess der Kreuzigung und Auferstehung ausschließlich aus einem guten Herzen heraus handelte und mit Seiner rettenden Gnade für uns den Sieg errang.

Da Jesus geistliche Güte besaß, beleidigte Er nie jemanden und stritt auch mit keinem. Er akzeptierte alles mit der Weisheit der geistlichen Güte und mit Worten der Wahrheit, auch wenn Er harsche und scheinbar inakzeptable Situationen vorfand. Außerdem konfrontierte Jesus diejenigen, die Ihn töten wollten, nicht. Er versuchte auch nicht, Seine Unschuld zu erklären oder zu beweisen. Er überließ alles Gott und handelte in allem mit der

Weisheit und Wahrheit geistlicher Güte.

Geistliche Güte steht für ein Herz, das ein „geknicktes Rohr nicht zerbricht und einen glimmenden Docht nicht auslöscht". Diese Definition verkörpert praktisch die Güte.

Diejenigen, die Güte besitzen, schreien niemanden an und streiten mit keinem. Sogar ihre Erscheinung spiegelt Güte wider. So wie geschrieben steht, dass niemand „eine Stimme auf den Straßen hören" wird, demonstrieren Personen, die Güte haben, diese äußerlich in Demut. Wie schuldlos und vollkommen müssen Jesu Gewohnheiten gewesen sein - in der Art wie Er wandelte, in Seiner Gestik und Sprache! In Sprüche 22,11 steht: *„Wer Reinheit des Herzens liebt, wessen Lippen wohlgefällig reden, dessen Freund ist der König."*

Zunächst einmal steht ein „geknicktes Rohr" für diejenigen, die in dieser Welt viel erlitten haben und im Herzen verletzt sind. Wenn sie nach Gott trachten – selbst mit ihrem armen Herzen – wird Er sie nicht verlassen, sondern sich ihrer annehmen. Dieses Herz Gottes, dieses Herz Jesu stellt die höchste Form der Güte dar.

Das Gleiche trifft auf ein Herz zu, das einen glimmenden Docht nicht auslöscht. Wenn ein Docht glimmt, heißt das, dass das Feuer stirbt, aber die Glut ist noch vorhanden. In diesem Sinne ist „ein glimmender Docht" eine Person, die so vom Bösen befleckt ist, dass das Licht ihres Geistes „glimmt" nur noch. Doch selbst bei so jemandem sollten wir nicht aufgeben, wenn noch die geringste Chance darauf besteht, dass er gerettet wird. Das macht Güte aus.

Unser Herr gibt nicht einmal bei den Menschen auf, die in Sünde leben und sich gegen Gott stellen. Er klopft dennoch an die Tür ihres Herzens, um ihnen die Möglichkeit zu bieten, gerettet zu werden. Dieses Herz unseres Herrn verkörpert Güte.

Es gibt Menschen, die im Glauben wie ein geknicktes Rohr oder ein glimmender Docht sind. Wenn sie wegen ihres schwachen Glaubens der Versuchung nachgeben und sündigen, haben manche von ihnen allein nicht die Kraft, wieder zur Gemeinde zu kommen. Es kann etwas Fleischliches sein, das sie nicht abgelegt haben, oder vielleicht haben sie anderen Gemeindemitgliedern Schaden zugefügt. Weil es ihnen so Leid tut und es ihnen peinlich ist, haben sie das Gefühl, sie könnten nicht zur Gemeinde zurückkommen.

So müssen wir zunächst einmal zu ihnen gehen. Wir müssen ihnen die Hände entgegenstrecken und sie an der Hand nehmen. Das ist Güte. Es gibt auch Menschen, die im Glauben ganz vorne waren, aber später im Geist hinterherhinken. Einige von ihnen werden auch zu einer Art „glimmendem Docht".

Manche von ihnen wollen von anderen geliebt und anerkannt werden, aber das trifft dann nicht ein, was ihnen das Herz bricht. Und dann kommt das Böse in ihnen hervor. Vielleicht sind sie auch auf andere, die im Geist voran marschieren, eifersüchtig und machen sie schlecht. Das ist der glimmende Docht, der nur Rauch und Brandgase abgibt.

Wenn wir echte Güte haben, werden wir solche Menschen verstehen und annehmen können. Wenn wir aber versuchen, zu debattieren, was recht und unrecht ist oder andere Menschen zwingen, sich uns unterzuordnen, ist es keine echte Güte. Wir müssen sie in Treue und Liebe gut behandeln, selbst die, die Böses tun. Wir müssen ihre Herzen zum Schmelzen bringen, sie bewegen. Wenn wir das tun, ist unser Handeln von Güte geprägt.

# Chrysopras: Selbstkontrolle

Der Chrysopras, der zehnte Grundstein in den Mauern des Neuen Jerusalems, ist der teuerste aller Chalzedone. Er ist dunkelgrün, halbtransparent und einer der Edelsteine, den koreanische Frauen früher als sehr wertvoll erachteten. Für sie symbolisierte er die Keuschheit und Reinheit von Frauen.

Wofür steht der Chrysopras geistlich gesehen? Er steht für Selbstkontrolle. Es ist gut, in und durch Gott Überfluss an allem zu haben, doch man braucht Selbstkontrolle, um alles schön zu gestalten. Selbstkontrolle ist auch eine der neun Früchte des Heiligen Geistes.

## Selbstkontrolle zum Erreichen der Vollkommenheit

In Titus 1,7-9 erfahren wir etwas über den Bischof einer Gemeinde. Eine der Voraussetzungen, die er mitbringen muss, ist Selbstkontrolle. Wenn jemand, der keine Selbstkontrolle oder Selbstbeherrschung hat, Bischof wird, was kann er dann schon mit seinem unkontrollierten Leben erreichen?

Bei allem, was wir für den Herrn tun, sollten wir die Wahrheit von der Unwahrheit unterscheiden können – und dem Willen des Heiligen Geistes mit Selbstbeherrschung folgen. Wenn wir die Stimme des Heiligen Geistes hören können, können wir in allen Bereichen Wohlergehen und Wohlstand erleben, weil wir Selbstbeherrschung haben. Wenn wir dagegen keine Selbstbeherrschung haben, können Dinge misslingen und wir haben Unfälle, sowohl natürliche als auch vom Menschen herbeigeführte oder verursachte Desaster, Krankheiten und dergleichen.

So ist die Frucht der Selbstbeherrschung wichtig und absolut notwendig, wenn man Vollkommenheit erreichen will. So wie wir die Frucht der Liebe tragen können, können wir auch die Frucht der Freude, des Friedens, der Geduld, der Freundlichkeit, der Güte, der Treue und der Sanftmut hervorbringen – und all diese Früchte werden durch die Selbstbeherrschung vervollkommnet.

Selbstbeherrschung kann mit dem Schließmuskel in unserem Körper verglichen werden. Obwohl er klein ist, spielt er eine sehr wichtige Rolle. Was geschieht, wenn er nicht mehr die Kraft zum Schließen hat? Dann könnten wir Ausscheidungen nicht mehr kontrollieren und wären schmutzig und nicht präsentabel.

Wenn wir unsere Selbstkontrolle verlieren, kann bei uns alles schmutzig und chaotisch werden. Menschen leben mit der Unwahrheit, weil sie sich geistlich nicht kontrollieren können. Dadurch geraten sie in Prüfungen und können von Gott nicht geliebt werden. Wenn wir uns körperlich nicht kontrollieren können, werden wir ungerechte und gesetzwidrige Dinge tun - weil wir das essen und trinken, was wir wollen, und ein unordentliches Leben führen.

### Johannes der Täufer

Ein gutes Beispiel für Selbstkontrolle ist die biblische Gestalt von Johannes dem Täufer.

Johannes der Täufer wusste, warum er auf die Welt kam. Er wusste, dass er den Weg für Jesus, der das wahre Licht ist, bahnen sollte. So lebte er abgeschieden von der Welt, bis es an der Zeit war, seine Pflicht zu erfüllen. Er wappnete sich allein mit Gebet und dem Wort, solange er in der Wüste war. Er aß nur Heuschrecken und wilden Honig. Es war ein sehr abgeschiedenes und äußerst diszipliniertes Leben. Durch seinen

Lebensstil war er in der Lage, dem Herrn den Weg zu bahnen - eine Aufgabe, die er vollkommen erfüllte.

In Markus 11,11 sagte Jesus über ihn: *„ Wahrlich, ich sage euch, unter den von Frauen Geborenen ist kein Größerer aufgestanden als Johannes der Täufer. "*

Falls jemand denkt: „Oh, dann muss ich wohl in die Berge oder an einen anderen entlegenen Ort gehen und dort mit Selbstbeherrschung leben!", dann bedeutet es, dass er keine Selbstkontrolle hat und Gottes Wort zu sehr nach seinem eigenen Dafürhalten auslegt und zu viel nachdenkt.

Es ist wichtig, dass Sie Ihr Herz durch den Heiligen Geist kontrollieren. Wenn Sie diese Ebene im Geist noch nicht erreicht haben, müssen Sie die Lust Ihres Fleisches beherrschen und dürfen nur den Wünschen des Heiligen Geistes folgen. Wenn Sie die geistliche Ebene erreicht haben, müssen sie die Stärke des jeweiligen geistlichen Herzens kontrollieren, um vollkommen ausgewogen zu sein. Eine solche Selbstbeherrschung zeigt sich im Licht des Chrysopras'.

## Hyazinth: Reinheit und Heiligkeit

Der Hyazinth, der elfte Grundstein in den Mauern des Neuen Jerusalems, ist ein Edelstein von transparenter, bläulicher Farbe und symbolisierte geistlich gesehen Reinheit und Heiligkeit.

„Reinheit" bezieht sich auf einen Zustand, wo man keine Sünde hat und rein und makellos ist. Wenn jemand ein paar Mal am Tag duscht oder badet, sich die Haare kämmt und sauber kleidet, sagen die Leute, er sei sauber und ordentlich. Würde Gott auch sagen, dass so jemand sauber ist? Wer hat ein reines

Herz und wie kommt man zu einem reinen Herzen?

### Ein in Gottes Augen reines Herz

Die Pharisäer und Schriftgelehrten wuschen sich – gemäß der Tradition der Ältesten – vor dem Essen die Hände. Als die Jünger Jesu das nicht genauso taten, stellten sie Ihm die folgende Frage, um Ihn anzuklagen: *„Warum übertreten deine Jünger die Überlieferung der Ältesten? Denn sie waschen ihre Hände nicht, wenn sie Brot essen"* (Matthäus 15,2).

Jesus lehrte sie, was Reinheit wirklich ist. In Matthäus 15,19-20 sagte Er: *„Denn aus dem Herzen kommen hervor böse Gedanken: Mord, Ehebruch, Unzucht, Diebstahl, falsche Zeugnisse, Lästerungen; diese Dinge sind es, die den Menschen verunreinigen, aber mit ungewaschenen Händen zu essen, verunreinigt den Menschen nicht."*

In Gottes Augen handelt es sich um Reinheit, wenn im Herzen keine Sünde ist. Reinheit bedeutet, dass wir ein Herz haben, in dem es keine Anschuldigungen, Flecken oder Makel gibt. Unsere Hände und unseren Körper waschen wir mit Wasser, aber wie können wir unser Herz reinigen?

Auch das können wir mit Wasser waschen. Wir können es reinigen, indem wir es mit geistlichem Wasser – nämlich dem Wort Gottes – waschen. In Hebräer 10,22 steht: *„[S]o lasst uns hinzutreten mit wahrhaftigem Herzen in voller Gewissheit des Glaubens, die Herzen besprengt und damit gereinigt vom bösen Gewissen und den Leib gewaschen mit reinem Wasser."* Wir können in dem Maße ein reines, wahres Herz haben, in dem wir nach dem Wort Gottes handeln.

Wenn wir dem folgen, was die Bibel sagt, indem wir alte Gewohnheiten ablegen und gewisse Dinge unterlassen, wird die

Unwahrheit und das Böse aus unserem Herzen herausgewaschen. Wenn wir all dem gehorchen, was die Bibel uns befiehlt und aufträgt, können wir es vermeiden, von Sünden und dem Bösen in der Welt wieder befleckt zu werden – einfach indem wir fortwährend das klare Wasser des Wortes verwenden. Auf diese Weise können wir ein reines Herz bewahren.

In Matthäus 5,8 steht: *„Glückselig, die reinen Herzens sind, denn sie werden Gott schauen."* Gott hat uns mitgeteilt, welchen Segen reine Herzen empfangen. Es steht geschrieben, dass sie Gott schauen werden. Die, die reine Herzen haben, werden Gott im Königreich der Himmel von Angesicht zu Angesicht sehen. Sie können im Neuen Jerusalem zumindest ins dritte Königreich hinein.

Doch „Gott zu schauen" bedeutet nicht einfach Gott zu sehen. Es bedeutet vielmehr, dass wir Gott immer begegnen und Hilfe von Ihm bekommen. Das heißt, dass wir ein Leben führen, in dem wir mit Gott wandeln - hier auf der Erde.

### Henoch erlangte ein reines Herz

Im 5. Kapitel vom 1. Mose wird Henoch als jemand mit einem reinen Herzen vorgestellt, der auf der Erde mit Gott lebte. 1. Mose 5,21-24 können wir lesen, dass Henoch 300 Jahre mit Gott wandelte – ab dem Zeitpunkt, als er mit 65 der Vater von Metuschelach wurde. Dann steht in Vers 4 geschrieben: *„Henoch wandelte mit Gott; und er war nicht mehr da, denn Gott nahm ihn hinweg."* Er wurde lebendig in den Himmel aufgenommen.

In Hebräer 11,5 finden wir den Grund, warum er in den Himmel entrückt wurde, ohne den Tod zu sehen: *„Durch*

*Glauben wurde Henoch entrückt, so dass er den Tod nicht sah,*
*und er wurde nicht gefunden, weil Gott ihn entrückt hatte;*
*denn vor der Entrückung hat er das Zeugnis gehabt, dass er*
*Gott wohlgefallen habe."*

Henoch hatte Gottes Wohlgefallen, weil er ein reines, sündloses Herz hatte - und zwar so sehr, dass er nicht einmal den Tod zu sehen brauchte und schließlich lebendig in den Himmel aufgenommen wurde. Zu dem Zeitpunkt war er 165 Jahre alt, obwohl die Menschen damals zum Teil über 900 Jahre lang lebten. Aus der heutigen Sicht nahm Gott Henoch zu sich, als er sich in der Blüte seiner Jugend befand.

Der Grund war, dass Henoch in Gottes Augen wunderbar war. Anstatt ihn auf der Erde zu lassen, wollte Gott Henoch nahe bei sich haben – in Seinem himmlischen Königreich. Da können wir deutlich sehen, wie sehr Gott die liebt, die ein reines Herz haben und wie Er sich über sie freut.

Doch selbst Henoch wurde nicht über Nacht geheiligt. Auch er durchlief verschiedene Prüfungen, bevor er 65 Jahr alt wurde. In 1. Mose 5,19 sehen wir Jered, den Vater von Henoch, der nach der Geburt Henoch für weitere 800 Jahre Kinder zeugte. Daher wissen wir, dass Henoch viele Brüder und Schwestern hatte.

Als ich eines Tages intensiv betete, ließ Gott mich wissen, dass Henoch keinerlei Probleme mit seinen Geschwistern hatte. Er wollte nie mehr haben als seine Brüder, stattdessen machte er für sie immer Zugeständnisse. Er wollte nie mehr Anerkennung als seine Geschwister und gab immer nur sein Bestes. Selbst, als manche seiner Brüder mehr geliebt wurden, bereitete ihm das kein Unbehagen, das heißt, er empfand keine Eifersucht.

Auch war Henoch immer gehorsam. Er hörte nicht nur auf

das Wort Gottes, sondern auch auf die Worte seiner Eltern. Er bestand nie auf seiner eigenen Meinung. Er hegte keine selbstsüchtigen Wünsche und nahm nichts persönlich. Er lebte mit allen im Frieden.

Henoch entwickelte ein reines Herz, mit dem er Gott sehen konnte. Als er 65 wurde, erreichte er die Ebene, auf der er Gott gefiel und von da an konnte er mit Gott wandeln.

Doch es gibt noch einen wichtigeren Grund, warum wir mit Gott wandeln sollten. Der Grund ist, dass Henoch Gott liebte und es sehr genoss, mit Gott zu kommunizieren. Selbstverständlich fixierte er seine Augen nicht auf die Dinge dieser Welt und liebte Gott mehr als alles andere hier.

Er liebte seine Eltern und gehorchte ihnen. Es herrschte Frieden und Liebe zwischen ihm und all seinen Brüdern und Schwestern, doch am meisten Gott liebte er. Er genoss es mehr, allein bei Gott zu sein und Ihn zu preisen, als bei seinen Familienmitgliedern zu sein. Er vermisste Gott, wenn er den Himmel und die Natur betrachtete und genoss die Gemeinschaft, die er mit Gott hatte.

Das war sogar schon so, bevor Gott anfing, mit ihm zu wandeln, und war danach noch stärker der Fall. In Sprüche 8,17 steht geschrieben: *„Ich liebe, die mich lieben; und die mich suchen, finden mich."* Henoch liebte Gott und sehnte sich so sehr nach Ihm, dass Gott anfing, mit ihm zu wandeln.

Je mehr wir Gott leiben, desto reiner wird unser Herz. Je reiner unser Herz wird, desto mehr lieben wir Gott und trachten nach Ihm. Es ist einfach und angenehm, mit Menschen zu reden und zu interagieren, die reine Herzen haben. Sie akzeptieren einfach alles rein und glauben anderen Menschen.

Wer würde sich schlecht fühlen und die Stirn runzeln, wenn er kleine Babys lachen sieht? Die meisten Menschen fühlen sich gut und lächeln, wenn sie Babys sehen. Das liegt an der Reinheit oder Unschuld von Babys, die andere Menschen anrührt und ihre Herzen erfrischt.

Gott der Vater verspürt das Gleiche, wenn Er jemanden mit einem reinen Herzen sieht. Er wünscht sich, mehr solche Menschen vorzufinden und möchte mit ihnen zusammen sein.

## Amethyst: Schönheit und Demut

Der zwölfte und letzte Grundstein in den Mauern des Neuen Jerusalems ist der Amethyst. Er ist von violetter Farbe und dabei transparent. Der Amethyst hat eine solch elegante und schöne Farbe, dass Adlige ihn schon von alters her lieben.

Auch Gott sieht das geistliche Herz, das durch den Amethyst symbolisiert wird, als schön an. Geistlich gesprochen steht der Amethyst für Sanftmut. Diese Sanftmut finden wir im Kapitel der geistlichen Liebe, in der Bergpredigt und auch bei der Frucht des Heiligen Geistes. Diese Frucht finden wir in Menschen, die vom Geist geboren sind und gemäß dem Wort Gottes leben.

### Ein Herz der Demut, das Gott als schön ansieht

Laut Wörterbuch beinhaltet Sanftmut Freundlichkeit, Milde und Demut sowie die Fähigkeit, Ruhe auszustrahlen. Doch die Sanftmut die Gott als schön betrachtet, ist nicht in diesen Charaktereigenschaften zu finden.

Diejenigen, die einen sanftmütigen Charakter im Fleisch haben, fühlen sich etwas unbehaglich in der Gegenwart von

Leuten, die nicht sanftmütig sind. Wenn sie jemanden sehen, der sehr aus sich herausgehen kann oder einen starken Charakter hat, werden sie etwas vorsichtig und finden es sogar schwierig, mit so jemandem zu interagieren. Dagegen kann jemand, der geistliche Sanftmut oder Demut besitzt, alle möglichen Personen mit den unterschiedlichsten Charakteren akzeptieren. Das ist einer der Unterschiede zwischen fleischlicher und geistlicher Sanftmut.

Was ist geistliche Sanftmut und warum betrachtet Gott sie als schön?

Um geistlich sanftmütig sein, muss man einen milden und warmen Charakter haben – verbunden mit einem weiten Herzen, dass alle annehmen kann. So jemand hat ein Herz, das weich und behaglich wie Wolle ist, so dass viele Menschen darin Ruhe finden. Ein sanftmütiger Mensch kann alles in Güte und in Liebe annehmen.

Eine Sache gibt es noch, die bei der geistlichen Sanftmut nicht fehlen darf. Es ist der tugendhafte Charakter in Verbindung mit einem weiten Herzen. Wenn wir ein sehr warmes und weiches Herz in uns haben, heißt das zunächst einmal noch gar nichts. Ab und an sollten wir, wenn es nötig ist, andere ermutigen oder ihnen Rat geben und Güte und Liebe demonstrieren. Mit einem tugendhaften Charakter stärkt man andere, lässt sie Wärme spüren und in seinem Herzen Ruhe finden.

### Eine geistlich sanftmütige Person

Diejenigen, die echte geistliche Sanftmut haben, haben gegenüber keinem anderen Menschen Vorurteile. So haben sie keine Probleme und stehen mit niemandem auf Kriegsfuß. Die andere Person kann das warme Herz auch wahrnehmen; so kann sie Ruhe finden und Frieden, weil sie spürt, dass sie herzlich angenommen wird. Diese Art von geistlicher Sanftmut kann man mit einem großen Baum vergleichen, der an einem heißen Sommertag viel Kühle und Schatten spendet.

Wenn der Ehemann seine gesamte Familie mit einem weiten Herzen annimmt und ins Herz schließt, wird die Frau ihn respektieren und lieben. Wenn dazu die Ehefrau auch ein Herz hat, das weich wie Wolle ist, kann sie ihrem Mann Trost und Frieden bringen, so dass sie als Paar sehr glücklich sind. Auch geraten Kinder, die in solch einer Familie aufwachsen, nicht auf Abwege, selbst wenn sie auf Schwierigkeiten stoßen. Da sie im familiären Frieden gestärkt werden können, sind sie in der Lage, Probleme zu überwinden und aufrichtig und gesund aufwachsen.

Ebenso können Menschen, die um jemanden herum sind, der einen sanftmütigen Geist entwickelt hat, Ruhe finden und sich glücklich fühlen. Dann beschreibt Gott der Vater diese Menschen mit geistlicher Sanftmut als wirklich schön.

In dieser Welt benutzen die Menschen verschiedene Methoden, um die Herzen anderer Menschen zu gewinnen. Vielleicht schenken sie ihnen materielle Dinge oder sie setzen ihren Ruhm oder ihre Macht ein. Doch auf solch fleischliche Art und Weise können sie ihre Herzen eigentlich gar nicht richtig gewinnen. Vielleicht helfen sie ihnen vorübergehend, indem sie ihrer Not begegnen, doch weil sie sich ihnen nicht von Herzen unterordnen, überlegen sie es sich anders, wenn sich die Umstände ändern.

Dagegen fühlen sich Menschen von denjenigen angezogen, die geistliche Sanftmut haben. Sie ordnen sich ihnen von Herzen unter und wollen gerne bei ihnen bleiben. Das liegt daran, dass sie von jemandem mit geistlicher Sanftmut auf eine Weise gestärkt und getröstet werden können, wie dies in der Welt nicht möglich ist. So versammeln sich viele Menschen um eine Person mit geistlicher Güte – und sie wird zu einer geistlichen Autorität.

In Matthäus 5,5 geht es um den Segen, viele Seelen zu gewinnen; dort heißt es, sie werden die Erde erben. Das bedeutet, dass sie die Herzen der Menschen, die aus dem Staub der Erde geschaffen wurden, gewinnen werden. Daraus ergibt sich, dass sie auch im ewigen Königreich viel Land bekommen werden. Weil sie viele Menschen ins Herz geschlossen und zur Wahrheit geleitet haben, werden sie eine große Belohnung empfangen.

Darum sagte Gott in 4. Mose 12,3 folgendes über Mose: *„Der Mann Mose aber war sehr demütig, mehr als alle Menschen, die auf dem Erdboden waren."* Mose leitete den Auszug aus Ägypten. Es waren zwei Millionen Menschen und diese führte er 40 Jahre lang in der Wüste. So wie Eltern ihre Kinder großziehen, schloss er sie ins Herz und leitete sie gemäß dem Willen Gottes.

Selbst wenn die Kinder schlimme Sünden begehen, verlassen sie die Eltern nicht einfach. Ebenso gewährte Mose den Menschen Unterschlupf, die nach dem Gesetz verloren gewesen wären; er führte sie bis zum Ende und bat Gott, ihnen zu vergeben.

Selbst wenn Sie nur eine kleine Aufgabe in der Gemeinde habe, wird Ihnen klar sein, wir gut Sanftmut ist. Nicht nur, wenn man die Aufgabe hat, sich um Seelen zu kümmern; das gilt auch bei allen anderen Pflichten: Wenn man sie in Sanftmut erledigt, hat man keine Probleme. Jedes Herz ist etwas anders – genauso wie jeder Kopf. Jeder kommt aus einem anderen Elternhaus und hat seinen eigenen Charakter. In seiner Denkweise und in seiner Meinung mag ein Mensch sich vom anderen unterscheiden.

Doch diejenigen, die sanftmütig sind, können andere mit einem weiten Herzen annehmen. Die Sanftmut, mit der man sich selbst entäußert und andere annimmt, zeichnet sich aus in einer Situation, in der andere nur darauf bestehen, dass sie Recht haben.

Wir haben nun alles über die geistlichen Herzen gelernt, die die zwölf Grundsteine in den Mauern des Neuen Jerusalem symbolisieren, das heißt das Herz des Glaubens, der Aufrichtigkeit, des Opfers, der Gerechtigkeit, der Treue, der Leidenschaft, der Barmherzigkeit, der Geduld, der Güte, der Selbstbeherrschung, der Reinheit und der Sanftmut. Wenn wir all diese Charaktere konsolidieren, wird daraus das Herz von Jesus Christus und vom Vater. Anders ausgedrückt, es handelt sich um „vollkommene Liebe".

Diejenigen, die vollkommene Liebe entwickelt haben – mit einer guten und ausgewogenen Mischung der Eigenschaften eines jeden der zwölf Edelsteine –, können kühn ins Neue Jerusalem hineingehen. Ihre Häuser dort werden übrigens mit zwölf verschiedenen Edelsteinen geschmückt sein.

Das Innere des Neuen Jerusalem ist so herrlich, dass man es kaum in Worte fassen kann. Die Häuser, Gebäude und Anlagen, wie zum Beispiel Parks, sind unbeschreiblich schön gestaltet.

Doch was für Gott am schönsten ist, sind die Menschen, die in die Stadt kommen. Das Licht, dass sie ausstrahlen werden, wird heller leuchten als die zwölf Edelsteine. Auch werden sie aus der Tiefe ihres Herzens ein intensives Aroma der Liebe für den Vater verströmen. Dadurch wird Gott der Vater getröstet werden – für all die Dinge, die Er bis dahin getan haben wird.

# Kapitel 6

## Die zwölf Perlentoren und die goldene Straße

*„Und die zwölf Tore waren zwölf Perlen, je eines der Tore war aus einer Perle, und die Straße der Stadt reines Gold, wie durchsichtiges Glas. "*

*- Offenbarung 21,21*

Das neue Jerusalem hat zwölf Tore, jeweils drei in der Mauer im Norden, Süden, Osten und Westen. Ein riesiger Engel bewacht jedes Tor und der Anblick gibt auf den ersten Blick einen Eindruck der Pracht und Autorität des neuen Jerusalems. Jedes Tor ist geschwungen wie ein Bogen und dieser ist so enorm groß, dass man weit nach oben schauen muss. Jedes Tor besteht aus einer riesigen Perle. Es öffnet sich, indem die Flügel jeweils zur Seite gefahren werden und es hat einen Griff aus reinem Gold und verschiedenen Edelsteinen. Jedes Tor öffnet sich automatisch, ohne dass jemand versuchen müsste, es mit den Händen zu öffnen.

Gott hat diese zwölf Tore aus schönen Perlen und die Straßen aus reinem Gold für Seine geliebten Kinder geschaffen. Wie viel herrlicher und wunderbarer müssen dann wohl die Gebäude innerhalb der Stadt erst sein?

Bevor wir uns die Gebäude und Sehenswürdigkeiten im

neuen Jerusalem ansehen, lassen Sie uns zunächst die Gründe untersuchen, warum Gott die Tore des neuen Jerusalems aus Perlen schuf und welche Art von Straßen es neben den goldenen noch gibt.

## Die zwölf Perlentore

In Offenbarung 21,21 lesen wir: *„Und die zwölf Tore waren zwölf Perlen, je eines der Tore war aus einer Perle, und die Straße der Stadt reines Gold, wie durchsichtiges Glas."* Warum wurden die zwölf Tore aus Perlen geschaffen, wo es doch so viele andere Edelsteine im neuen Jerusalem gibt? Manche mögen meinen, dass es doch besser gewesen wäre, jedes der Tore mit jeweils anderen Edelsteinen zu schmücken, da es doch zwölf verschiedene Tore gibt. Doch Gott hat jedes Tor lediglich mit einer Perle geschmückt.

Der Grund ist die Vorsehung Gottes sowie die geistliche Bedeutung, die in diesem Design steckt. Anders als Edelsteine haben Perlen einen etwas anderen Wert und gelten als kostbarer, denn sie wurden in einem schmerzhaften Prozess produziert.

**Warum bestehen die zwölf Tore aus Perlen?**

Wie entsteht eine Perle? Es gibt im Meer nur zwei Wesen, die organische Edelsteine hervorbringen: zum einen Perlen und zum anderen Korallen. Perlen werden seit langen von unzähligen Menschen bewundert, weil sie so schön glänzen, ohne dass sie poliert worden wären.

Eine Perle entsteht an der Innenhaut einer Auster. Es handelt sich um eine Anhäufung von ungewöhnlich glänzenden Ausscheidungen, die hauptsächlich aus Calciumcarbonat bestehen und halbrund oder rund sind. Wenn ein Fremdkörper in das weiche Fleisch in der Außenhaut eindringt, leidet die Muschel große Schmerzen, als würde sie von einer Nadel gestochen. Dann beginnt die Muschel, den Fremdkörper zu bekämpfen, was wiederum mit starken Schmerzen verbunden ist. Eine Perle bildet sich, wenn die Ausscheidung der Muschel den Fremdkörper mit einer Lage nach der anderen bedeckt.

Es gibt zwei Arten von Perlen: natürliche und gezüchtete. Der Mensch kennt inzwischen das Prinzip, das hinter der Entstehung von Perlen steckt. Er züchtet viele Muscheln und pflanzt Fremdkörper in sie hinein. Diese Perlen sehen praktisch wie natürliche aus, aber sie sind relativ gesprochen billiger, weil sie aus dünnen Schichten bestehen.

So wie eine Muschel eine schöne Perle unter großen, von Fremdkörpern verursachten Schmerzen, bildet, gibt es einen Prozess, der Ausdauer verlangt von den Kindern Gottes, die danach trachten, das verlorene Ebenbild Gottes wieder zu erlangen. Sie können aus ihrer jeweiligen Situationen mit einem Glauben herauskommen, der so rein ist wie Gold. Damit können sie dann ins Neue Jerusalem einziehen – allerdings erst, nachdem sie in ihrem Leben auf dieser Erde schwierige Zeiten und Leiden durchgemacht haben.

Wenn wir im Kampf des Glaubens den Sieg davontragen und durch die Tore des Neuen Jerusalem gehen wollen, müssen wir alle in unserem Herzen eine Perle hervorbringen. So wie die Auster Schmerzen erträgt und Perlmutt ausscheidet, um eine Perle zu bilden, müssen Gottes Kinder schmerzvoll Ausdauer beweisen, bis sie das Ebenbild Gottes wiederlangen.

In dem Maße, wie Sünde in die Welt kam und Menschen von ihr immer mehr besudelt wurden, verloren sie auch das Ebenbild Gottes. Das Böse und Unwahrheiten wurden in die Herzen der Menschen gepflanzt, so dass sie unrein wurden und einen üblen Geruch verbreiteten. Gott der Vater zeigte der Menschheit trotz ihres sündigen Herzens, mit dem sie in dieser sündigen Welt lebten, Seine große Liebe.

Alle, die an Jesus Christus glauben, werden durch das Blut Jesu von ihrer Sünde gereinigt. Doch die Art von echten Kindern, die Gott der Vater will, sind diejenigen, die erwachsen und reif sind. Er will diejenigen, die sich nicht wieder selbst beschmutzen, nachdem sie gewaschen worden sind. Geistlich gesprochen bedeutet das, dass sie keine Sünde mehr begehen, sondern Gott dem Vater mit ihrem vollkommenen Glauben gefallen.

Diese Art von vollkommenem Glauben setzt voraus, dass wir echte Herzen haben. Wir können ein echtes Herz haben, wenn wir alle Sünden ablegen und das Böse aus unserem Herzen vertreiben und es stattdessen mit Güte und Liebe füllen. Je mehr Güte und Liebe wir haben, desto stärker erlangen wir das Ebenbild Gottes wieder.

Gott der Vater lässt läuternde Prüfungen bei Seinen Kindern zu, so dass sie Güte und Liebe entwickeln können. Er lässt sie durch verschiedene Situationen herausfinden, dass sie Sünden und Böses im Herzen haben. Wenn wir auf unsere Sünden und das Böse stoßen, verspüren wir Schmerzen im Herzen. Das ist so, wie wenn ein scharfer Gegenstand in eine Muschel eindringt und das weiche Fleisch durchbohrt. Wir müssen zugeben, dass es uns weh tut, wenn wir wegen Sünden oder bösen Dingen in unserem Herzen durch schwierige Zeiten gehen.

Wenn wir diese Tatsache wirklich zugeben, können wir

beginnen, geistlich gesprochen, eine Perle in unserem Herzen zu bilden. Dann beten wir eifrig, um die aufgedeckte Sünde und das Böse von uns abzuwerfen. Der Heilige Geist wird uns dabei helfen. Im Ergebnis werden die Sünden und das Böse, das wir gefunden hatten, entfernt und wir werden mit einem geistlichen Herz aus der Situation hervorgehen.

Perlen sind, wenn man sich den Prozess ihrer Herstellung anschaut, extrem kostbar. So wie die Muscheln bei der Bildung der Perlen Schmerzen erleiden, müssen wir, um ins Neue Jerusalem einzuziehen, Dinge überwinden und große Schmerzen erleiden. Wir können durch jene Tore nur dann einziehen, wenn wir im Kampf des Glaubens den Sieg erringen. Die Tore symbolisieren diese Tatsache.

In Hebräer 12,4 lesen wir: *„Ihr habt im Kampf gegen die Sünde noch nicht bis aufs Blut widerstanden."* In der zweiten Hälfte von Offenbarung 2,10 werden wir aufgefordert: *„Sei treu bis zum Tod! Und ich werde dir den Siegeskranz des Lebens geben."*

Wie die Bibel uns sagt, können wir ins Neue Jerusalem – den schönsten Ort im Himmel - nur dann einziehen, wenn wir der Sünde widerstehen, alles Mögliche Böse ablegen, treu bis zum Tod sind und unseren Pflichten nachkommen.

### Überwinden von Glaubensprüfungen

Wir brauchen Glauben, der so rein ist wie Gold, wenn wir durch die zwölf Tore im neuen Jerusalem gehen wollen. Diese Art von Glauben bekommt man nicht einfach geschenkt. Nur dann, wenn wir Glaubensprüfungen bestehen und überwinden, bekommen wir als Belohnung solchen Glauben – ähnlich wie eine Muschel große Schmerzen ertragen muss, bis eine Perle gebildet wurde. Dabei ist es nicht ganz leicht, im Glauben zu siegen, weil es einen Feind, Satan, den Teufel, gibt, der versucht, uns um jeden Preis davon abzuhalten, zu glauben. Und: bis wir auf dem Felsen des Glaubens stehen, haben wir möglicherweise das Gefühl, der Weg zum Himmel sei schwer und schmerzlich, weil wir uns intensiven Kämpfen gegen den Feind, den Teufel, ausgesetzt sehen – und zwar so lange, wie wir noch Unwahrheit in unserem Herzen haben.

Doch wir können überwinden, weil Gott uns Gnade und Kraft gibt und der Heilige Geist uns hilft und leitet. Wenn wir auf dem Felsen des Glaubens stehen, nachdem wir diese Schritte gegangen sind, werden wir in der Lage sein, alle Arten von Schwierigkeiten zu überwinden und uns freuen, anstatt zu leiden.

Buddhistische Mönche schlagen ihren Leib und „versklaven" sie durch Meditationen, um sich so weltlicher Dinge zu entledigen. Manche von ihnen praktizieren jahrzehntelang Askese und wenn sie sterben, wird ein perlenförmiger Gegenstand aus ihren Überresten geholt. Dieser wird nach vielen Jahren des Ausharrens und der Selbstkontrolle – so wie Perlen in Austern – gebildet.

Wie viel müssten wir wohl ertragen und wie sehr müssten wir uns unter Schmerzen kontrollieren, wenn wir in unserer eigenen Stärke versuchen wollten, die weltlichen Vergnügen abzulegen und die Lust unseres Fleisches zu beherrschen? Dabei können Gottes Kinder mit Seiner Gnade und Kraft durch das Wirken des Heiligen Geistes weltliches Vergnügen rasch ablegen. Außerdem können wir alle Arten von Problemen mit Gottes Hilfe überwinden und wir können das geistliche Rennen bewältigen, weil der Himmel für uns vorbereitet wird.

Darum müssen Gottes Kinder, die Glauben haben, ihre

Schwierigkeiten auch nicht mit großen Schmerzen durchleiden, sondern können diese mit Freude und Dankbarkeit überwinden – in der freudigen Erwartung des Segens, den sie sehr bald empfangen werden.

## Die zwölf Perlentore sind für die Siege im Glauben

Die zwölf Tore dienen als Triumphbögen für Glaubenssiege, so wie siegreiche Kommandeure bei ihrer Rückkehr nach Hause nach einem erfolgreichen Kampf zu Ehren ihres Sieges durch ein Denkmal marschieren.

In der Vergangenheit bauten die Menschen verschiedene Monumente und Konstruktionen und benannten Sie nach heldenhaften Kämpfern. Damit wurden die Soldaten und ihre Befehlshaber, die nach einem Triumph heimkehrten, begrüßt und willkommen geheißen. Der siegreiche General wurde geehrt und fuhr dann mit einem vom König gesandten Wagen durch einen Triumphbogen oder ein Tor, wobei er von einer großen Menschenmenge begrüßt wurde.

Wenn Er inmitten von Siegesliedern in den Saal mit dem Bankett kommt, wird er von Hofbeamten, die beim König und der Königin sitzen willkommen geheißen. Dann steigt der Kommandeur aus dem Wagen und verneigt sich vor seinem König. Daraufhin erhöht ihn der König und lobt seine hervorragenden Dienste. Dann essen und trinken sie zusammen und teilen die Freude über den Sieg. Dabei kann dem Kommandeur Autorität, Reichtum und Ehre verliehen werden, die der des Königs gleicht.

Wenn schon die Autorität des Kommandeurs und seiner Armee so groß ist, wie viel größer muss dann wohl die Autorität derer sein, die durch die zwölf Tore ins neue Jerusalem einmarschieren? Sie werden von Gott, dem Vater, geliebt und getröstet und für immer in einer Herrlichkeit leben, die mit der von Kommandeuren und Soldaten, die hier durch Triumphbögen geschritten sind, nicht verglichen werden kann. Wenn sie die zwölf völlig aus Perlen bestehenden Tore passieren, werden sie an die Pilgerreise des Glaubens erinnert, auf der sie zu kämpfen hatten und ihr Bestes gaben. Und sie werden Tränen vergießen, weil sie aus tiefstem Herzen dankbar sind.

### Die Pracht der zwölf Perlentore

Im Himmel vergessen die Menschen nichts, selbst wenn viel Zeit verstreicht, denn der Himmel ist ein Teil der geistlichen Welt. Vielmehr denken sie manchmal über die Vergangenheit nach und genießen dies.

Darum werden die, die ins neue Jerusalem einziehen, jedes Mal, wenn sie auf die zwölf Perlentore schauen, überwältigt und denken: „Ich habe viele Schwierigkeiten überwunden und bin endlich im neuen Jerusalem angekommen!" Sie freuen sich, wenn sie daran denken, wie sie gekämpft und am Ende über den Feind, den Teufel, und die Welt gesiegt und alle Unwahrheit abgelegt haben. Sofort danken Sie Gott, dem Vater, noch einmal und erinnern sich an Seine Liebe, die sie dazu befähigte, die Welt zu überwinden. Sie danken auch denen, die ihnen halfen, bis sie diesen Punkt erreichten.

Auf dieser Welt schwindet die Dankbarkeit manchmal ganz oder sie wird im Verlaufe der Zeit geringer. Doch da es im Himmel keine Unaufrichtigkeit gibt, wachsen die Dankbarkeit, Freude und Liebe der Menschen im Laufe der Zeit immer mehr. Jedes Mal, wenn die Bewohner des neuen Jerusalems auf die Perlentore schauen, sind sie wegen der Liebe Gottes und derer, die ihnen auf Erden geholfen haben, voller Dankbarkeit.

Ich bin sehr, sehr dankbar für die, die mir das Evangelium gepredigt und die mir Gnade erwiesen haben. Das, was ich heute bin, bin ich wegen ihnen. So kann ich ihnen nicht einfach bloß einmal „Danke" sagen und sie dann vergessen. Vielmehr bin ich jeden Tag nur noch umso dankbarer.

## Straßen aus reinem Gold

Während Menschen über ihr Leben auf Erden nachdenken und durch die majestätischen, bogenförmigen Perlentore gehen, gelangen sie endlich ins neue Jerusalem. Die Stadt ist erfüllt mit dem Licht von Gottes Herrlichkeit, dem friedvollen Klang der Lobeslieder der Engel in der Ferne und dem milden Duft der Blumen. Mit jedem Schritt, den sie in die Stadt tun, verspüren sie eine wachsende, unaussprechliche Freude und Begeisterung.

Die mit den zwölf Edelsteinen geschmückten Wände und die schönen Perlentore haben wir bereits besprochen. Woraus bestehen nun die Straßen im neuen Jerusalem? Wir lesen in Offenbarung 21,21: *„[D]ie Straße der Stadt [war] reines Gold, wie durchsichtiges Glas."* Das heißt, Gott baute die Straßen im neuen Jerusalem aus reinem Gold für Seine Kinder, die in die Stadt kommen werden.

### Jesus Christus: Der Weg

Auf dieser Welt gibt es viele Arten von Straßen, von stillen Pfaden bis hin zu Schienenbetten, von engen Straßen bis zu mehrspurigen Autobahnen. Abhängig vom Ziel und den Bedürfnissen, schlagen Menschen verschiedene Wege ein. Um in den Himmel zu kommen, gibt es allerdings nur einen Weg: Jesus Christus.

> *Ich bin der Weg und die Wahrheit und das Leben.*
> *Niemand kommt zum Vater als nur durch mich.*
> (Johannes 14,6)

Jesus, der einzige Sohn Gottes, eröffnete uns den Weg zur Errettung, indem Er sich für die Menschen, die ansonsten aufgrund ihrer Sünden gestorben wären, kreuzigen ließ und am 3. Tage auferstand. Wenn wir an Jesus Christus glauben, qualifizieren wir uns für das ewige Leben. Darum ist Jesus Christus der einzige Weg zum Himmel, zur Errettung und zum ewigen Leben. Des Weiteren muss man einerseits Jesus Christus annehmen, um den Weg zum ewigen Leben zu finden, und andererseits Seiner Natur ähnlich werden.

### Golden Straße

Auf beiden Seiten vom Strom vom Wasser des Lebens befinden sich Straßen, die es jedem gestatten, im endlosen Himmel den Thron Gottes zu finden. Der Strom vom Wasser des Lebens geht vom Thron Gottes und des Lammes aus, fließt ins neue Jerusalem und an alle Wohnstätten im Himmel und kehrt dann zum Thron Gottes zurück.

> *Der Engel zeigte mir auch den Strom mit dem*
> *Wasser des Lebens, der wie Kristall funkelt. Der Strom*
> *entspringt am Thron Gottes und des Lammes und*
> *fließt entlang der Hauptstraße mitten durch die Stadt*
> (Offenbarung 22,1-2, GN).

Geistlich gesehen steht „Wasser" für das Wort Gottes und weil wir das Leben durch Sein Wort erlangen und den Weg des ewigen Lebens durch Jesus Christus gehen, fließt das Wasser des Lebens aus dem Thron Gottes und des Lammes.

Und weil der Fluss vom Wasser des Lebens den Himmel umspült, können wir das neue Jerusalem leicht erreichen, indem wir einfach den goldenen Straßen auf beiden Seiten des Flusses folgen.

### Die Bedeutung der goldenen Straßen

Die goldenen Straßen gibt es nicht nur im neuen Jerusalem, sondern auch im Rest des Himmels. Allerdings variiert der Glanz der goldenen Straßen von einer Wohnstätte zu anderen, so wie sich der Glanz, die Materialien und die Schönheit an den jeweiligen Orten unterscheiden.

Im Himmel ist reines Gold anders als das Gold, was wir auf der Erde vorfinden, nicht weich, sondern fest. Allerdings fühlt es sich sehr weich an, wenn man auf diesen goldenen Straßen geht. Außerdem gibt es im Himmel keinen Staub und auch nichts schmutziges, denn nichts verschleißt und die goldenen Straßen werden nicht beschädigt. Zu beiden Seiten der Straße blühen schöne Blumen und diese grüßen die Kinder Gottes, die auf den Straßen entlang gegen.

Welche Bedeutung haben die Straßen und warum wurden sie aus Gold gebaut? Sie sollen uns daran erinnern, dass je reiner ein Herz ist, desto besser ist der Ort im Himmel, an dem man wohnen wird. Und: da wir ins neue Jerusalem ohnehin nur hineingehen können, wenn wir uns im Glauben und hoffnungsvoll auf die Stadt zu bewegen, hat Gott die Straßen aus reinem Gold gefertigt, das für geistlichen Glauben und eine brennende, aus Glauben geborene, Hoffnung steht.

## Blumenstraßen

So, wie man einen Unterschied merkt, wenn man über frisch gemähten Rasen, Steine, gepflasterte Straßen und so weiter geht, gibt es einen Unterschied, wenn man auf goldenen Straßen und Blumenstraßen geht. Es gibt auch noch andere Straßen, die aus Edelsteinen bestehen und man empfindet eine andere Art von Glück, wenn man auf ihnen unterwegs ist. Hier auf Erden fällt uns auf, dass der Komfort in verschiedenen Fortbewegungsmitteln, wie Flugzeugen, Zügen oder Bussen, anders ist. Das Gleiche trifft auf den Himmel zu. Wenn wir selbst auf den Straßen gehen, ist es ganz anders, als wenn wir automatisch durch Gottes Kraft transportiert werden.

Bei den Blumenstraßen sind die Blumen nicht rechts und links davon, weil diese Straßen buchstäblich aus Blumen bestehen, so dass die Menschen auf den Blumen gehen. Das fühlt sich weich und flauschig an, so als würde man barfuß auf einem weichen Teppich gehen. Die Blumen werden dabei nicht beschädigt und verwelken auch nicht, denn unsere Körper sind geistliche Körper, die sehr leicht sind und so werden die Blumen nicht niedergetrampelt.

Außerdem freuen sich Blumen im Himmel und verströmen ihren Duft, wenn Kinder Gottes über sie hinweg gehen. Das heißt, wenn sie auf den Blumenstraßen gehen, werden ihre Körper von den Düften durchdrungen und ihre Herzen verspüren ein Wonnegefühl, werden erfrischt und glücklich.

## Edelsteinstraßen

Diese Straßen bestehen aus Edelsteinen in den verschiedensten, hell leuchtenden Farben. Sie sind voller schöner Lichter. Was aber noch interessanter ist, ist die Tatsache, dass sie in noch schöneren Lichtern erstrahlen, wenn geistliche Körper auf ihnen entlang gehen. Selbst die Edelsteine verströmen Düfte und das Glück und die Freude, die man dadurch spürt, sind unvergleichlich. Außerdem verspürt man einen Wonneschauer, wenn man auf den Edelsteinstraßen spaziert, weil es sich anfühlt, als würde man auf dem Wasser gehen. Das bedeutet aber nicht, dass man den Eindruck hat, man würde im Wasser versinken oder untergehen. Stattdessen verspürt man bei jedem Schritt reinste Begeisterung, ohne sich irgendwie anstrengen zu müssen.

Allerdings gibt es die Edelsteinstraßen im Himmel nur an bestimmten Orten. Anders ausgedrückt: sie sind eine Belohnung und es gibt sie nur in und um die Häuser derjenigen, die das Herz des Herrn widerspiegeln und einen großen Teil dazu beigetragen haben, Gottes Vorsehung bei den Menschen in die Tat umzusetzen. Vergleichen könnte man es mit kleinsten Stücken von elegant, mit Materialien von höchster Qualität geschmückten Stellen in einer königlichen Festung oder in einem Palast.

Im Himmel werden die Menschen der Dinge nicht müde oder überdrüssig. Vielmehr lieben sie alles für immer, denn es ist eine geistliche Welt. Auch spüren sie mehr Freude und Glück bei den kleinsten Kleinigkeiten, weil selbst in diesen eine geistliche Bedeutung ruht und die Liebe und Bewunderung der Menschen für sie entsprechend wächst.

Wie wunderschön, wie wunderbar ist doch das neue Jerusalem! Es steht für Gottes geliebte Kinder bereit. Selbst die Menschen im Paradies, im ersten, zweiten und dritten Königreich des Himmels freuen sich mächtig und sind dankbar, wenn sie mit einer Einladung durch die Perlentore ins neue Jerusalem gehen dürfen.

Können Sie sich vorstellen, wie viel mehr sich die Kinder Gottes freuen und wie dankbar sie sein müssen, im neuen Jerusalem angekommen zu sein, weil sie dem Herrn, dem wahren Weg, treu gefolgt sind?

### Drei Schlüssel zum Eintreten ins Neue Jerusalem

Das Neue Jerusalem ist eine quadratische Stadt, mit einer Länge, Breite und Höhe von jeweils 2.400 km. Die Stadtmauer hat insgesamt zwölf Tore und zwölf Grundsteine. Die Stadtmauer, die zwölf Tore und die zwölf Grundsteine haben eine geistliche Bedeutung. Wenn wir ihre Bedeutung verstehen und sie uns im Herzen verdeutlichen, können wir die geistliche Qualifikation erlangen, um ins Neue Jerusalem einzuziehen. In diesem Sinne ist die geistliche Bedeutung wie ein Schlüssel für die Stadt.

Der erste Schlüssel für das Neue Jerusalem ist in der Stadtmauer verborgen. In Offenbarung 21,18 steht: *„Und der Baustoff ihrer Mauer war Jaspis und die Stadt reines Gold, gleich reinem Glas."* Die Stadtmauer besteht also aus Jaspis, der geistlich gesehen Glauben symbolisiert, der Gott gefällt.

Der Glaube ist das Elementarste und Wichtigste im Leben eines Christen. Ohne Glauben können wir nicht errettet werden oder Gott gefallen. Um ins Neue Jerusalem einzuziehen, brauchen wir den Glauben, der Gott gefällt - die fünfte und damit höchste Ebene des Glaubens. Somit ist der erste Schlüssel die fünfte Ebene des Glaubens: Glauben, der Gott gefällt.

Der zweite Schlüssel ist in den zwölf Grundsteinen zu finden. Fasst man alle Herzen, die die zwölf Grundsteine repräsentieren, zusammen, gelangt man bei der vollkommenen Liebe an; sie ist es, die den zweiten Schlüssel zum Neuen Jerusalem darstellt.

Die zwölf Grundsteine bestehen aus zwölf verschiedenen Juwelen. Jeder Juwel symbolisiert ein spezielles geistliches Herz. Es handelt sich um Glauben, Aufrichtigkeit, Opfer, Gerechtigkeit, Treue, Leidenschaft, Barmherzigkeit, Geduld, Güte, Selbstbeherrschung, Reinheit und Sanftmut. Wenn wir all diese Eigenschaften zusammen betrachten, verschmelzen sie zum Herzen von Jesus Christus und Gott dem Vater, der die Liebe verkörpert. Zusammengefasst ist der zweite Schlüssel zum Neuen Jerusalem also die vollkommene Liebe.

Die zwölf Tore aus Perlen stellen den dritten, im Neuen Jerusalem verborgenen Schlüssel dar. Mithilfe der Perle möchte uns Gott zeigen, wie wir ins Neue Jerusalem gelangen können. Die Entstehung von Perlen unterscheidet sich stark von der von anderen Edelsteinen. Alles Gold, Silber und alle Edelsteine, die die zwölf Grundsteine ausmachen, kamen aus der Erde. Eine Perle dagegen wird von einem lebendigen Organismus auf eine einzigartige Weise hergestellt.

Die meisten Perlen werden von Auster gemacht. Die Auster erduldet Schmerzen und scheidet Perlmutt aus, um eine Perle zu bilden. Ebenso müssen Kinder Gottes Schmerzen erdulden, bis sie das Ebenbild Gottes vollkommen wiedererlangen.

Gott der Vater will Kinder haben, die sich nicht wieder selber schmutzig machen, nachdem sie im Blut Jesu Christi gewaschen wurden, sondern die dem Vater mit ihrem vollkommenen Glauben gefallen. Um diesen vollkommenen Glauben zu haben, brauchen wir ein wahres Herz. Das können wir haben, wenn wir alle Sünde und alles Böse daraus verbannen und es stattdessen mit Güte und Liebe füllen.

Darum lässt Gott Glaubensprüfungen zu, bis wir ein echtes Herz und vollkommenen Glauben haben. Er lässt uns durch verschiedene Situationen Sünde und Böses in unserem Herzen entdecken; wenn wir das merken, tut uns dies weh. Es ist so, wie wenn ein scharfer Gegenstand in eine Muschel eindringt und das weiche Fleisch verletzt. So wie eine Auster den unlieben Eindringlich Schicht um Schicht mit Perlmutt bedeckt, wird die Schicht um unser Herz dicker, wenn wir durch Glaubensprüfungen gehen. Und so, wie eine Auster eine Perle bildet, müssen wir als Gläubige eine geistliche Perle hervorbringen, um ins Neue Jerusalem einziehen zu können. Dies ist der dritte Schlüssel, um ins Neue Jerusalem einziehen zu können.

Ich wünsche mir, dass Sie die verborgene geistliche Bedeutung in den Mauern des Neuen Jerusalems, in den zwölf Toren in den Mauern und in den zwölf Grundsteinen verstehen und die drei Schlüssel bekommen, um ins Neue Jerusalem einzutreten, indem Sie sich dafür geistlich qualifizieren.

# Kapitel 7

## Das charmante Spektakel

*„Und ich sah keinen Tempel in ihr, denn der Herr, Gott, der Allmächtige, ist ihr Tempel, und das Lamm. Und die Stadt bedarf nicht der Sonne noch des Mondes, damit sie ihr scheinen; denn die Herrlichkeit Gottes hat sie erleuchtet, und ihre Lampe ist das Lamm. Und die Nationen werden in ihrem Licht wandeln, und die Könige der Erde bringen ihre Herrlichkeit zu ihr. Und ihre Tore werden bei Tag nicht geschlossen werden, denn Nacht wird dort nicht sein. Und man wird die Herrlichkeit und die Ehre der Nationen zu ihr bringen. Und alles Gemeine wird nicht in sie hineinkommen, noch [derjenige], der Greuel und Lüge tut, sondern nur die, welche geschrieben sind im Buch des Lebens des Lammes."*

*- Offenbarung 21,22-27*

Der Apostel Johannes, dem der Heilige Geist das neue Jerusalem zeigte, beschrieb ausführlich wie die Stadt aussah, während er auf einem höheren Ort stand. Johannes hatte sich lange danach gesehnt, das Innere vom neuen Jerusalem zu sehen und als er das Innere der Stadt endlich sah, deren Anblick so schön ist, geriet er in einen Trance.

117

Wenn wir uns dafür qualifizieren, ins neue Jerusalem einzutreten und vor dem Tor stehen, dann werden wir sehen, wie sich das bogenförmige Perlentor öffnet; das Tor selbst ist zu groß, als dass wir das Ende davon sehen könnten.

In dem Moment erstrahlen dann die unaussprechlich schönen Lichter des neuen Jerusalems und umgeben unseren Leib. Wir spüren die große Liebe Gottes sofort und können die Tränen, die dann fließen werden, nicht kontrollieren.

Wenn wir die überfließende Liebe von Gott, dem *Vater*, der uns mit Seinen strahlenden Augen beschützt hat, spüren sowie die Gnade des *Herrn*, der uns vergeben hat durch Sein Blut am Kreuz, und die Liebe des Heiligen Geistes, der in unseren Herzen lebt und uns in ein Leben in der Wahrheit geführt hat, dann werden wir Ihm ewig die Ehre geben.

Lassen Sie uns nun die Einzelheiten der Stadt, des neuen Jerusalems, auf der Grundlage der Erzählung des Apostels Johannes untersuchen.

## Das Licht der Sonne und des Mondes ist nicht nötig

Der Apostel Johannes bekannte Folgendes, als er das Innere des neuen Jerusalems, das mit Gottes Herrlichkeit erfüllt war, betrachtete:

*Und die Stadt bedarf nicht der Sonne noch des Mondes, damit sie ihr scheinen; denn die Herrlichkeit Gottes hat sie erleuchtet, und ihre Lampe ist das Lamm. (Offenbarung 21,23).*

118

Das neue Jerusalem ist von der Herrlichkeit Gottes erfüllt, weil Gott selbst in der Stadt weilt und über ihr regiert. Es ist der Gipfel der geistlichen Welt, wo sich Gott selbst für die Menschheit in die Dreieinigkeit teilte.

## Gottes Herrlichkeit erstrahlt über dem neuen Jerusalem

Es gibt einen Grund, warum Gott die Sonne und den Mond für diese Erde geschaffen hat. Wir sollten dadurch Gut und Böse erkennen und anhand von Licht und Finsternis Geist von Fleisch unterscheiden lernen, damit wir als wahre Kinder Gottes hier würden leben können. Er weiß genau über Geist und Fleisch, Gut und Böse Bescheid, wohingegen Menschen diese Dinge nicht erkennen können, wenn sie nicht von Gott erzogen werden, da sie in diesem Falle ja bloße Geschöpfe sind.

Solange der erste Mensch, Adam, vor dem eigentlichen Beginn der Menschheitsgeschichte im Garten Eden war, konnte er nichts über das Böse, den Tod, die Finsternis, Armut oder Leiden wissen. So konnte er auch nicht die echte Bedeutung und das Glück des Lebens nicht wirklich ergreifen – und auch Gott nicht richtig für all das dankbar sein, was Er ihm gegeben hatte, obwohl er in so überfließendem Maße gesegnet war.

Bevor Adam wahres Glück erleben konnte, musste er erst einmal Tränen vergießen, trauern, unter Schmerzen und Krankheiten leiden und den Tod erleben und dies ist einfach der Verlauf der Menschheitsgeschichte. Für weitere Einzelheiten dürfen wir auf das Buch Die Botschaft vom Kreuz verweisen.

Schließlich beging Adam die Sünde des Ungehorsams, indem er von dem Baum der Erkenntnis des Guten und des Bösen aß. Er wurde auf diese Erde vertrieben und erlebte dort die Realität. Erst danach konnte er begreifen, wie überreichlich gesegnet, glücklich und schön sein Leben im Garten Eden gewesen war, und Gott wirklich von Herzen danken.

Auch seine Nachkommen konnten Licht und Finsternis, Geist und Fleisch, Gut und Böse im Laufe ihres Lebens unterscheiden, nachdem sie in ihrem Leben viele Schwierigkeiten erlebt hatten. Wenn wir also die Errettung erlebt haben und in den Himmel kommen, brauchen wir dort weder das Licht der Sonne noch des Mondes, was für die menschliche Zivilisation auf Erden nötig gewesen war.

Da Gott selbst im neuen Jerusalem lebt, gibt es dort keinerlei Finsternis. Außerdem erstrahlt die Herrlichkeit Gottes am meisten im neuen Jerusalem. So braucht die Stadt dann natürlich weder Sonne noch Mond. Dort werden weder Lampen noch Lichter leuchten müssen.

### Das Lamm – das Licht im neuen Jerusalem

Johannes fand nichts vor, das wie die Sonne oder der Mond oder irgendwelche Glühbirnen leuchtete. Der Grund ist, dass Jesus Christus, der das Lamm ist, die Lampe des neuen Jerusalems ist.

In Johannes 1,3 steht: *„Alles wurde durch dasselbe, und ohne dasselbe wurde auch nicht eines, das geworden ist."* Und in Johannes 15,5 lesen wir: *„Ich bin der Weinstock, ihr seid die Reben. Wer in mir bleibt und ich in ihm, der bringt viel Frucht, denn getrennt von mir könnt ihr nichts tun."* Uns muss klar sein, dass alles durch Jesus Christus geschaffen wurde, dass durch Ihn die Zivilisation auf der Erde begann und der Weg zur Errettung der Menschen gebahnt wurde.

Da der erste Mensch, Adam, ungehorsam war, verfiel die Menschheit dem Tod (Römer 6,23). Unser liebender Gott sandte Jesus auf die Erde, um das Problem der Sünde zu lösen. Jesus, der Sohn Gottes, der im Fleisch auf diese Welt kam, reinigte uns von unseren Sünden, indem Er Sein Blut vergoss und der Erstling der Auferstehung wurde, indem er die Macht des Todes brach.

Deshalb bekommen alle, die Jesus als ihren persönlichen Erretter annehmen, das Leben und können an der Auferstehung teilhaben, das ewige Leben im Himmel genießen und Gebetserhörungen empfangen – ganz egal, was sie hier auf dieser Erde brauchen. Außerdem können die Kinder Gottes jetzt das Licht der Erde werden, indem sie selbst im Licht leben und Gott durch Jesus Christus die Ehre geben. Mit anderen Worten, so wie eine Lampe leuchtet, so erstrahlt auch das Licht von Gottes Herrlichkeit noch viel heller durch den Retter, Jesus.

## Die Entrückung des neuen Jerusalems

Wenn wir aus der Ferne ins neue Jerusalem hineinschauen, können wir die schönen Gebäude, die aus so vielen verschiedenen Edelsteinen und Gold bestehen, durch die Wolken der Herrlichkeit hindurch erblicken. Die ganze Stadt scheint lebendig zu sein mit einer Mischung aus vielen Lichtern – einmal aus den Lichtern, die aus den Häusern kommen, die aus Edelsteinen gebaut sind, dann aus dem Licht der Herrlichkeit Gottes sowie aus den klaren und bläulichen Lichter, die aus den Stadtmauern kommen, die aus Jaspis und reinem Gold bestehen.

Wie soll man in Worte fassen können, welche Gefühle und welche Begeisterung man spürt, wenn man ins neue Jerusalem eintritt? Die Stadt ist so schön, prächtig, ja entzückend, dass es über unsere Vorstellungskraft hinausgeht. Im Zentrum der Stadt steht Gottes Thron, der den Ursprung vom Fluss vom Wasser des Lebens darstelle. Um den Thron Gottes herum sind die Häuser von Elia, Henoch, Abraham und Mose, Maria Magdalena und der Jungfrau Maria – allesamt hat Gott so sehr geliebt.

### Das Schloss des Herrn

Das Schloss des Herrn befindet sich zur rechten, unteren Seite vom Thron Gottes, wo Er sich bei Gottesdiensten und Banketts in der Stadt aufhält. Im Schloss des Herrn gibt es ein riesiges Gebäude, das in der Mitte ein goldenes Dach hat. Rundherum sind unzählig viele andere Gebäude verstreut. Es gibt beispielsweise über den halbrunden Dächern viele Kreuze der Herrlichkeit, die von schillernden Lichtern umgeben sind. Sie erinnern uns daran, dass wir unsere Errettung empfangen und im Himmel angekommen sind, weil Jesus das Kreuz auf sich genommen hat.

Das große Gebäude in der Mitte ist eine zylindrische Konstruktion. Doch weil sie mit vielen zarten Edelsteinen geschmückt ist, gehen schöne Lichter von jedem von ihnen aus, die sich vermischen und die Farben des Regenbogens ergeben. Wenn wir das Schloss des Herrn mit irgendeinem hier auf Erden von Menschen errichteten Gebäude vergleichen sollten, dann käme ihm die Basilius-Kathedrale in Moskau wohl am nächsten. Allerdings können der Stil, die Materialien und die Größe keineswegs mit auf Erden entworfenen oder errichteten Gebäuden verglichen werden, selbst mit den prächtigsten nicht.

Neben diesem Gebäude im Zentrum gibt es viele weitere innerhalb vom Schloss des Herrn. Gott, der Vater selbst, hat für diese Gebäude gesorgt, damit diejenigen, die eine enge Beziehung im Geist haben, in der Nähe ihrer Lieben bleiben können. Gegenüber vom Schloss des Herrn sind die Häuser der zwölf Jünger. Vorne stehen die Häuser von Petrus, Johannes und Jakobus; die Häuser der anderen Jünger stehen dahinter. Eine Besonderheit ist, dass es jeweils einen Ort für Maria Magdalena und die Jungfrau Maria gibt, an dem sie im Schloss des Herrn bleiben können. Natürlich bleiben die beiden Frauen an diesen Orten nur zeitweilig, wenn sie vom Herrn eingeladen worden sind; ihre eigentlichen, persönlichen schloss-ähnlichen Wohnstätten befinden sich nahe beim Thron Gottes.

### Das Schloss des Heiligen Geistes

Auf der linken, unteren Seite von Gottes Thron ist das Schloss des Heiligen Geistes. Dieses riesige Schloss repräsentiert den sanftmütigen, weichen und mütterlichen Charakter des Heiligen Geistes durch viele kuppelförmige, harmonisch aufeinander abgestimmte Gebäude unterschiedlicher Größe.

Das Dach des größten Gebäudes in der Mitte des Schlosses ähnelt einem großen Sardis, der für Leidenschaft steht. Um dieses Gebäude herum fließt der Fluss vom Wasser des Lebens, der vom Thron Gottes und vom Schloss des Herrn ausgeht.

Die Schlösser im neuen Jerusalem sind allesamt unvorstellbar groß und majestätisch, doch die vom Herrn und vom Heiligen Geist sind besonders groß und schön. Ihre Größe ähnelt eher der einer Stadt als einem Schloss und sie sind in einem ganz besonderen Stil errichtet. Der Grund dafür ist, dass sie von Gott, dem Vater, selbst gebaut worden sind, anders als andere Häuser, die von Engeln errichtet worden sind. Genau wie das Schloss des Herrn befinden sich um das Schloss des Heiligen Geistes herum auch die wunderschönen Häuser derer, die sich mit dem Heiligen Geist eins gemacht und in Seiner Ära am Königreich

Gottes mitgebaut haben.

## Eine Brücke der Herrlichkeit aus Wolken und ein Treffpunkt

Zwischen dem Schloss des Herrn und dem des Heiligen Geistes befindet sich eine bogenförmige Brücke. Sie besteht aus hell leuchtenden Wolken und verbindet die beiden Schlösser miteinander. In der Mitte der Brücke ist ein Treffpunkt, an dem der Herr und der Heilige Geist sich begegnen und miteinander kommunizieren können.

Selbst die Bewohner vom neuen Jerusalem dürfen nicht an diesen Ort, denn er ist allein dem Herrn und dem Heiligen Geist vorbehalten. Manchmal kommt zuerst der Herr und wartet auf den Heiligen Geist, ein anderes Mal kommt der Heilige Geist als Erster und wartet auf den Herrn. Hier unterhalten sie sich wie Brüder an einem Tisch aus Edelsteinen unter einem Schirm. Während sie auf den Fluss vom Wasser des Lebens, der unter der Wolkenbrücke hindurchfließt schauen, teilen sie miteinander, was sie auf dem Herzen haben, reden über Bekenntnisse und andere Dinge, die sie nicht besprechen konnten, während sie hier auf der Erde dienten. Nicht nur, dass sie sich angenehm unterhalten, sie können auch die Liebe des Vaters tief in sich spüren und miteinander teilen.

### Das große Heiligtum

Um das Schloss des Heiligen Geistes herum werden noch viele Gebäude errichtet und es gibt dort ein besonders prächtiges und großes Gebäude. Es hat ein rundes Dach, zwölf hohe Säulen und zwölf große Tore zwischen den Säulen. Dies ist das große

Heiligtum, das der Stadt nachempfunden ist.

Allerdings steht in der Offenbarung des Johannes 21,22: *„Und ich sah keinen Tempel in ihr, denn der Herr, Gott, der Allmächtige, ist ihr Tempel, und das Lamm."* Warum konnte Johannes denn den Tempel nicht sehen? Gewöhnlich meinen die Leute, Gott bräuchte einen Ort, an dem Er sich aufhalten kann, also vielleicht einen Tempel, so wie wir eine Wohnung brauchen. Darum beten wir Ihn hier auf Erden ja auch in Gemeindesälen an, wo dann das Wort Gottes gepredigt wird.

In Johannes 1,1 steht erklärtermaßen: *„Im Anfang war das Wort, und das Wort war bei Gott, und das Wort war Gott."* Wo das Wort Gottes ist, da ist Gott. Egal, wo das Wort gepredigt wird, dort ist das Heiligtum. Gott selbst wohnt aber in der Stadt, also im neuen Jerusalem. Gott, der das Wort selbst ist, und der Herr, der mit Gott eins ist, wohnen im neuen Jerusalem. So ist kein weiterer Tempel nötig. Darum ließ uns Gott durch den Apostel Johannes wissen, dass kein Tempel mehr notwendig ist und dass Gott und der Herr praktisch selbst der Tempel des neuen Jerusalems sind.

Da mag man sich fragen, warum ein großes Heiligtum, welches es zur Zeit des Apostels Johannes nicht gab, nun heute gebaut wird. In der Apostelgeschichte lesen wir: *„Der Gott, der die Welt gemacht hat und alles, was darin ist, er, der Herr des Himmels und der Erde, wohnt nicht in Tempeln, die mit Händen gemacht sind."* Gott lebt somit nicht in einem besonderen Tempel. Außerdem steht in Psalm 103,19: *„Der HERR hat in den Himmeln aufgerichtet seinen Thron, und seine Herrschaft regiert über alles."* Gottes Thron ist im Himmel.

Obwohl Gottes Thron im Himmel ist, möchte Er dennoch, dass ein großes Heiligtum gebaut wird, das Seine Herrlichkeit repräsentiert; es ist ein echter Beweis, der Gottes Macht und Herrlichkeit über der ganzen Welt widerspiegelt.

Heute gibt es viele großartige, prächtige Häuser auf dieser Erde. Menschen investieren riesige Geldbeträge und errichten schöne Gebäude zu ihrer eigenen Verherrlichung und entsprechend ihrer eigenen Wünsche. Keiner tut das für Gott, der es wirklich verdient, verherrlicht zu werden. Darum möchte Gott durch Seine Kinder, die den Heiligen Geist empfangen haben, ein schönes, prachtvolles und großes Heiligtum bauen. Danach möchte Er von Menschen aus allen Nationen richtig verherrlicht werden (1. Chronik 22,6-16).

Wenn das schöne, große Heiligtum so gebaut wird, wie Gott es wünscht, werden Menschen aus allen Nationen Ihn verherrlichen und sich selbst als Braut des Herrn darauf vorbereiten, Ihn zu empfangen. Darum hat Gott das Große Heiligtum, das heißt unser großes Gemeindezentrum in Seoul, als ein Evangelisationszentrum vorbereitet, um zahllosen Menschen den Weg zur Errettung zu zeigen und sie am Ende der Zeit ins neue Jerusalem zu führen. Wenn wir diese Vorsehung Gottes in die Tat umsetzen, ein großes Zentrum bauen und Gott die Ehre geben, wird Er uns entsprechend unserer Taten belohnen und das gleiche Heiligtum im neuen Jerusalem errichten.

So schauen wir auf das große Heiligtum, das aus Edelsteinen und Gold gemacht ist – wiederum Materialien, die nicht mit irdischen verglichen werden können. Diejenigen, die in den Himmel kommen, werden in Ewigkeit für die Liebe Gottes dankbar sein, denn sie hat uns den Weg zur Herrlichkeit und zu vielen Segnungen gewiesen – durch die menschliche Zivilisation.

## Die mit Edelsteinen und Gold dekorierten himmlischen Häuser

Um das Schloss des Heiligen Geistes befinden sich mit vielen Edelsteinen dekorierte Gebäude und viele weitere Häuser sind noch im Bau. Man kann viele Engel bei der Arbeit beobachten, wie sie schöne Juwelen hier und da platzieren und die Bauplätze frei räumen. Das ist die Art und Weise, wie Gott jede Einzelperson entsprechend ihrer Taten belohnt und diesen Lohn in die Häuser hinein gibt.

Einmal zeigte mir Gott die Häuser von zwei treuen Mitarbeitern unserer Gemeinde. Eine Person war eine mächtige Kraftquelle für die Gemeinde gewesen, weil sie Tag und Nacht für das Königreich Gottes betete und ihr Haus mit dem Wohlgeruch von Gebet und Ausharren baute. Das Haus ist am Eingang mit schillernden Edelsteinen geschmückt.

Um ihrem lieblichen Charakter Rechnung zu tragen, gibt es eine Tafel in einer Ecke des Gartens, wo sie nachmittags mit ihren Lieben Tee trinken kann. Es gibt auf der ebenen Rasenfläche viele kleine Blumen in den verschiedensten Farben. Bisher haben wir aber nur den Eingang und den Garten vom Haus dieser Person beschrieben. Können Sie sich vorstellen, wie viel prächtiger das Hauptgebäude sein muss?

Das zweite Haus, das mir Gott zeigte, gehört einer Mitarbeiterin, die ihr Leben hier auf der Erde der Evangelisation durch Literatur gewidmet hat. Ich durfte eines der vielen Zimmer im Hauptgebäude sehen. Dort stehen ein Schreibtisch, ein Stuhl und ein Kerzenleuchter, alles aus Gold, und in diesem Zimmer gibt es viele Bücher. Dies ist ihre Belohnung: zur Erinnerung an ihr Werk, mit dem sie Gott durch literarische Evangelisation verherrlicht hat und natürlich weiß Gott, dass sie sehr gerne liest.

Gott bereitet uns also nicht nur unser himmlisches Zuhause vor, sondern beschenkt uns auch mit Gegenständen, die wir uns gar nicht vorstellen können. Er will uns für das belohnen, was wir aufgegeben haben. Er weiß, wo wir weltlichen Genüsse auf dieser Erde ade sagten, um uns ganz dem Bau von Gottes Königreich hinzugeben.

## Für immer beim Herrn, unserem Bräutigam

Im neuen Jerusalem finden stets viele Festmähler statt. Dazu gehören auch die, die Gott, der Vater, abhält. Warum? Damit die Bewohner vom neuen Jerusalem auch Brüder und Schwestern aus anderen Wohnstätten im Himmel einladen können.

Wie herrlich und schön wäre es wohl, wenn Sie im neuen Jerusalem leben könnten und vom Herrn eingeladen würden, an Seiner Liebe teilzuhaben, und die wunderbaren Banketts besuchen dürften!

### Eine warme Begrüßung im Schloss des Herrn

Wenn Menschen im neuen Jerusalem durch den Herrn, ihren Bräutigam eingeladen werden, schmücken sie sich wie die schönsten Bräute und versammeln sich mit freudigen Herzen im Schloss des Herrn. Wenn diese Bräute des Herrn bei Seinem Schloss ankommen, heißen sie zwei Engel zu beiden Seiten des Hauttores höflich willkommen. In diesem Augenblick werden ihre Leiber von einem Duft umhüllt, der aus den mit vielen Edelsteinen und Blumen geschmückten Mauern hervorströmt und ihre Freude noch vergrößert.

Beim Eintreten in das Haupttor vernimmt man den leisen,

entfernten Klang von Lobpreis, der einen im Innersten seines Geistes berührt. Wenn man ihn hört, fließt einem das Herz über – vor Frieden, Glück und Dankbarkeit für die Liebe Gottes, denn man weiß, dass Er einen dahinein geholt hat.

Wenn man auf den goldenen Straßen, die so rein wie Glass sind, geht, um das Hauptgebäude zu erreichen, wird man von Engeln begleitet und kommt dabei an vielen schönen Gebäuden und Gärten vorbei. Bis man das Hauptgebäude erreicht, klopft das Herz hoffnungsvoll, weil man dem Herrn begegnen möchte. Sobald man sich dem Hauptgebäude bis auf eine gewisse Entfernung genähert hat, kann man den Herrn selbst sehen, der darauf wartet, einen zu empfangen. Obwohl man vor Tränen kaum etwas sieht, rennt man auf den Herrn zu, weil man Ihn so – wenn auch nur eine Sekunde – früher sieht. Der Herr erwartet einen mit offenen Armen. Er umarmt einen jeden, während Sein Gesicht mit Liebe und Sanftmut erfüllt ist.

Der Herr sagt zu ihnen: „Kommt, meine schönen Bräute. Ihr seid herzlich willkommen!" Diejenigen, die eingeladen worden sind, bekennen ihr Liebe in Seinen Armen und sagen: „Ich bin von ganzem Herzen dankbar, dass du mich eingeladen hast!" Dann gehen sie hier – und dorthin – Hand in Hand mit dem Herrn, so wie Pärchen, die mächtig ineinander verliebt sind. Man unterhält sich über Dinge, über die man sich schon auf Erden unterhalten wollte. Rechter Hand vom Hauptgebäude ist ein großer See; dort erklärt der Herr im Detail, was Er während Seines Dienstes auf der Erde verspürte und wie die Umstände wirklich waren.

### Ein See, der an den See von Galiläa erinnert

Warum erinnert dieser See die Jungfrauen an den See von

Galiläa? Gott legte diesen See zur Erinnerung an, da der Herr hier Seinen Dienst begonnen hatte und später auch oft um den See von Galiläa herum diente (Matthäus 4,23). In Jesaja 9,1 lesen wir: *„Doch nicht bleibt das Dunkel über dem, der von der Finsternis bedrängt ist. Wie die frühere Zeit dem Land Sebulon und dem Land Naftali Schmach gebracht hat, so bringt die spätere den Weg am Meer, das Land jenseits des Jordan und den Kreis der Nationen zu Ehren."* Es war also vorhergesagt worden, dass der Herr Seinen Dienst am See von Galiläa beginnen würde und die Weissagung wurde erfüllt.

Viele Fische, die in verschiedenen Farben leuchten, schwimmen in diesem großen See. In Johannes 21 erschien der auferstandene Herr dem Petrus, der keinen einzigen Fisch gefangen hatte, und sagte: *„Werft das Netz auf der rechten Seite des Schiffes aus, und ihr werdet finden."* Als Petrus gehorchte, fing er 153 Fische. Im See beim Schloss des Herrn sind auch 153 Fische. Auch dies soll an den Dienst des Herrn erinnern. Wenn diese Fische in die Luft springen und bewundernswerte Tricks vorführen, ändern sich ihre Farben, so dass die geladenen Gäste noch mehr Freude und Gefallen daran finden.

Der Herr wandelt auf dem See so wie Er es auf dem See von Galiläa auf Erden tat. Diejenigen, die eingeladen wurden, stehen voller Freude um den See herum und sehnen sich danach, den Herrn reden zu hören. Da erklärt Er in allen Einzelheiten, wie die Gegebenheiten waren, als Er auf dieser Erde auf dem See von Galiläa ging. An der Stelle empfindet Petrus Reue; er hatte dem Wort des Herrn zwar gehorcht und war für einen Augenblick auf dem Wasser gegangen, doch aufgrund seines geringen Glaubens war er dann gesunken (Matthäus 14,28-32).

## Ein Museum zu Ehren des Dienstes des Herrn

Beim Besuch der verschiedenen Stätten mit dem Herrn denken die Menschen an ihre Zeit auf der Erde und sind überwältigt von der Liebe des Vaters und des Herrn, der den Himmel vorbereitet hat. Sie kommen an ein Museum, das links vom Hauptgebäude vom Schloss des Herrn steht. Gott, der Vater selbst, baute es zur Erinnerung an den Dienst des Herrn auf der Erde in einer Art und Weise, dass die Mensches alles so sehen und spüren, als wären sie vor Ort. So sind beispielsweise der Ort, wo Jesus von Pontius Pilatus verurteilte wurde und die Via Dolorosa, auf der Er das Kreuz nach Golgatha hinauf trug, originalgetreu nachgebaut. Wenn die Menschen diese Orte sehen, erläutert Er ihnen an dieser Stelle alle Gegebenheiten im Detail.

Vor kurzem empfing ich durch eine Eingabe des Heiligen Geistes, was der Herr zu jenem Zeitpunkt empfand und ich möchte einiges davon mit Ihnen teilen. Es ist ein Herzensbekenntnis des Herrn, der auf diese Erde kam und all die Herrlichkeit des Himmels hinter sich ließ; Er bekannte dies, während Er mit dem Kreuz nach Golgatha ging.

Vater! Mein Vater!
Mein Vater, der vollkommen im Licht ist,
Du liebst wahrlich alles!
Das Land, dass Ich beim ersten Mal
mit Dir betrat;
die Menschen haben, seit sie geschaffen wurden,
bis jetzt so viel kaputt gemacht.
Jetzt weiß Ich,
warum Du mich hierher geschickt hast,

warum Du mich hast diese Leiden ertragen lassen,
die in den korrupten Herzen der Menschen
ihren Urspruch hatten,
und warum Du mich aus den herrlichen Orten
im Himmel
hast hier herunterkommen lassen!
Alles geschah, so dass ich all dieses Dinge
in der Tiefe meines Herzens spüren
und begreifen konnte.

Aber Vater!
Ich weiß, dass Du in Deiner Gerechtigkeit
und in verborgenen Geheimnissen
alles wiederherstellen wirst.
Vater! All diese Dinge
währen nur einen Augenblick!
Aber wegen der Herrlichkeit,
die Du Mir geben wirst,
und wegen der Wege des Lichtes,
die Du für diese Menschen öffnen wirst,
nehme Ich dieses Kreuz mit Hoffnung
und Freude auf mich.

Vater, Ich kann diesen Weg gehen,
weil Ich glaube, Du wirst ihn bahnen
und erlauben,
dass er mit Deiner Liebe erleuchtet wird.
Und Du wirst schöne Lichter
auf Deinen Sohn strahlen lassen,
wenn all dies in einer kleinen Weile vorüber sein wird.

Vater! Das Land,
auf das Ich sonst meine Füße setzte, war Gold,
die Straßen, auf denen Ich ging,
waren auch aus Gold,
die Düfte der Blumen,
die Ich sonst immer wahrnahm,
lassen sich mit denen
auf dieser Erde nicht vergleichen,
die Stoffe der Kleider, die Ich sonst trug,
unterscheiden sich so stark von denen hier;
der Ort, an dem Ich lebte,
war so herrlich.
Und Ich wünsche mir, dass die Menschen hier
diesen schönen und friedlichen
Ort auch einmal kennen lernen werden.

Vater, Ich erkenne jeden Teil Deiner Vorsehung.
Warum Du mich absondertest,
warum Du Mir diese Pflicht auferlegtest
und warum Du Mich hast hier herunterkommen lassen,
um auf der korrupten Erde zu wandeln
und um die Gedanken
dieser korrupten Menschen zu erkennen.
Ich preise Dich, Vater, für Deine Liebe, Größe
und alle Dinge, die tadellos sind.

Mein lieber Vater!
Die Menschen meinen, dass
Ich Mich selbst nicht verteidige,
dass Ich behaupte, der König der Juden zu sein.
Aber Vater,

wie können sie nur die Erinnerungen, die aus
Meinem Herzen fließen, begreifen,
die Liebe für den Vater,
die aus Meinem Herzen fließt,
die Liebe für die Menschen,
die aus Meinem Herzen fließt?

Vater, viele Menschen werden die Dinge,
die stattfinden werden,
später durch den Heiligen Geist
begreifen und verstehen.
Das wirst Du ihnen schenken,
wenn Ich gegangen bin.
Vater, vergieße wegen dieses kurzen Schmerzes
keine Tränen und wende
Dein Angesicht nicht von Mir.
Vater,
lass Dein Herz nicht von Schmerz erfüllt werden!

Vater, Ich liebe Dich!
Bis Ich gekreuzigt werde,
Mein Blut vergossen
und Meinen letzten Atemzug
genommen habe, denke Ich, Vater, an
all diese Dinge und an die Herzen der Menschen.

Vater, es soll Dir nicht Leid tun;
Du sollst vielmehr durch Deinen Sohn verherrlicht werden,
und die Vorsehung und alle Pläne des Vaters werden
ganz und gar für immer und ewig erfüllt werden.

Jesus erklärte, was durch Seinen Sinn ging, während Er am Kreuz hing: die Herrlichkeit des Himmels; Er, wie Er vor dem Vater steht; die Menschen; der Grund, warum der Vater Ihm diese Aufgabe gegeben hatte und so weiter.

Die, die ins Schloss des Herrn eingeladen worden sind, vergießen Tränen, während sie das hören und danken dem Herrn tränenreich, dass Er das Kreuz an ihrer Stelle auf sich nahm. Aus tiefstem Herzen bekennen sie: „Mein Herr, Du bist mein wahrer Retter!"

Zum Gedächtnis an die Leiden des Herrn, hat Gott im Schloss des Herrn viele Straßen aus Edelsteinen angelegt. Wenn man auf Straßen geht, die aus vielen Edelsteinen gebaut und damit geschmückt sind, werden deren Lichter noch heller und es fühlt sich an, als würde man auf dem Wasser gehen. Außerdem hat Gott, der Vater, zur Erinnerung daran, dass Jesus am Kreuz hing, um die Menschheit von ihren Sünden zu retten, ein mit Blut beschmiertes Holzkreuz aufgestellt. Auch der Stall von Bethlehem, in dem der Herr geboren wurde, ist dort und es gibt viele Dinge zu sehen, an denen man den Dienst des Herrn nachvollziehen kann, als wäre man dort gewesen. Wenn die Menschen diese Orte besuchen, können sie wirklich sehen und hören, wie der Herr wirkte. Auf diese Weise spüren sie auch die Liebe des Herrn und des Vaters mit einer größeren Intensität und so verherrlichen sie Ihn und danken Ihm in Ewigkeit.

## Die Herrlichkeit der Bewohner im neuen Jerusalem

Das neue Jerusalem ist der schönste Ort im Himmel, mit dem die belohnt werden, die sich in ihrem Herzen geheiligt haben und im ganzen Hause Gottes treu waren. In Offenbarung 21,24-26 erfahren wir, welcher Art von Menschen die Ehre zuteil wird, ins neue Jerusalem einzuziehen:

> *Und die Nationen werden in ihrem Licht wandeln, und die Könige der Erde bringen ihre Herrlichkeit zu ihr. Und ihre Tore werden bei Tag nicht geschlossen werden, denn Nacht wird dort nicht sein. Und man wird die Herrlichkeit und die Ehre der Nationen zu ihr bringen.*

### Die Nationen wandeln in ihrem Licht

An dieser Stelle bezieht sich „Nationen" auf alle Menschen, die gerettet werden, unabhängig von ihrem ethnischen Hintergrund. Obwohl die Staatsbürgerschaft, Rasse und andere Eigenschaften sich von Mensch zu Mensch unterscheiden, werden sie dennoch alle Kinder Gottes, die ihre Bürgerschaft im himmlischen Königreich haben, sobald sie durch Jesus Christus errettet worden sind.

Somit bedeutet die Aussage, dass die Nationen im ihrem Licht wandeln werden, dass alle Kinder Gottes im Lichte von Gottes Herrlichkeit wandeln werden. Allerdings werden nicht alle Kinder Gottes den herrlichen Segen erleben, einfach so in das neue Jerusalem kommen zu dürfen. Der Grund dafür ist, dass diejenigen, die im Paradies, im ersten, zweiten und dritten Königreich sind, nur mit einer Einladung ins neue Jerusalem hinein dürfen. Nur die, die sich vollkommen geheiligt haben und im ganzen Hause Gottes treu waren, werden die Ehre haben, Gott, den Vater, für immer von Angesicht zu Angesicht im neuen Jerusalem zu sehen.

## Die Könige der Erde werden ihre Herrlichkeit bringen

Die Aussage „die Könige der Erde" bezieht sich auf diejenigen, die auf dieser Erde geistliche Leiter waren. Sie strahlen wie die zwölf Edelsteine in den zwölf Grundsteinen der Mauer im neuen Jerusalem und sie haben die Qualifikationen, ewig in der Stadt zu leben. So werden auch die von Gott anerkannten Menschen, wenn sie vor Ihm stehen, mit Opfergaben kommen, die sie von ganzem Herzen vorbereitet haben. „Opfergaben" bezieht sich auf alles, womit sie Gott die Ehre gaben – und zwar aus einem reinen, kristallklaren Herzen.

Darum bezieht sich die Aussage: „die Könige der Erde bringen ihre Herrlichkeit zu ihr" auf alle Dinge, an die sie im Hinblick auf das Königreich Gottes eifrig hingearbeitet und womit sie Ihn geehrt haben; damit kommen sie in das neue Jerusalem hinein.

Auf der Erde beschenken Könige andere Könige oder Nation, die mächtiger oder stärker sind, um ihnen damit zu schmeicheln. Doch Gott werden Gaben aus Dankbarkeit überreicht, weil Er den Weg zur Errettung und zum ewigen Leben aufgezeigt hat. Gott nimmt diese Gaben freudig entgegen und lässt den Schenkenden als Belohnung die Ehre zuteil werden, für ewig im neuen Jerusalem zu leben.

Im neuen Jerusalem gibt es keine Finsternis, weil Gott, der selbst Licht ist, dort wohnt. Da es weder Nacht noch Böses, weder Tod noch Diebstahl gibt, brauchen die Tore des neuen Jerusalems auch nicht geschlossen werden. Die Schrift spricht zwar vom „Tag", aber nur, weil unser Wissen begrenzt ist und weil wir den Himmel hier noch nicht richtig begreifen können.

## Die Herrlichkeit und Ehre der Nationen

Was ist mit dem Satz: „[M]an wird die Herrlichkeit und die Ehre der Nationen zu ihr bringen" gemeint? Mit „man" sind alle Menschen aus den verschiedenen Nationen der Erde gemeint, die errettet wurden. Mit „die Herrlichkeit und die Ehre der Nationen zu ihr bringen" ist gemeint, dass diese Menschen mit solchen Dingen ins neue Jerusalem kommen werden, mit denen sie Gott hier die Ehre gaben und wodurch sie den Wohlgeruch Jesus Christi auf dieser Erde verströmten.

Wenn ein Kind fleißig lernt und bessere Noten bekommt, prahlt es gegenüber seinen Eltern damit. Die Eltern freuen sich dann mit ihm, weil sie auf den Fleiß ihres Kindes stolz sind – selbst dann, wenn es nicht die höchste Note bekommen hat. Ebenso gilt: in dem Maße, wie wir hier auf Erden für das Königreich im Glauben agieren, geht von uns so ein Wohlgeruch aus, wie von Jesus Christus, und wir ehren Gott damit. Diese Gaben nimmt Er freudig entgegen.

Wie oben erwähnt, steht geschrieben: „[D]ie Könige der Erde bringen ihre Herrlichkeit zu ihr." Der Grund, warum die „Könige der Erde" zuerst genannt werden, ist die geistliche Ordnung oder Hierarchie, in der die Menschen vor Gott treten.

Diejenigen, die sich für das neue Jerusalem für immer qualifiziert haben, wo die Herrlichkeit wie die Sonne strahlt, erscheinen zuerst vor Gott, gefolgt von denen, die von allen Nationen gerettet werden und jeweils die ihnen gebührende Herrlichkeit erlangen. Uns muss klar sein: Wenn wir uns nicht dafür qualifizieren, für immer im neuen Jerusalem zu leben, können wir die Stadt nur gelegentlich besuchen.

## Manche können nie ins neue Jerusalem

Gott, der die Liebe in Person ist, möchte, dass alle errettet werden und Er will jeden mit einer Wohnstätte und himmlischen Geschenken entsprechend seiner Taten belohnen. Darum werden diejenigen, die sich nicht für den Einzug im neuen Jerusalem qualifizieren, ins dritte, zweite oder erste Königreich des Himmels oder ins Paradies kommen – je nach dem Maß ihres Glaubens. Gott hält besondere Banketts ab und lädt sie ins neue Jerusalem ein, so dass auch sie sich an der Pracht der Stadt erfreuen.

Allerdings gibt es auch Leute, die nie ins neue Jerusalem kommen können, obwohl Gott ihnen barmherzig sein möchte. Es handelt sich um die, die die Errettung nicht erlangt haben – sie könne die Herrlichkeit des neuen Jerusalems nie sehen.

*Und alles Gemeine wird nicht in sie hineinkommen, noch [derjenige], der Greuel und Lüge tut, sondern nur die, welche geschrieben sind im Buch des Lebens des Lammes* (Offenbarung 21,27)

Mit „Gemeine" ist hier das Richten und Verurteilen anderer Menschen gemeint ebenso wie das Beschweren, mit dem man nur seine eigenen Interessen und Vorteile sucht. So eine Person wagt es sich, den Richter zu spielen und verurteilt andere nach seinen Vorstellungen, anstatt verständnisvoll zu sein. Das Wort „Greuel" bezieht sich auf alle Taten, die aus einem abscheulichen und wankelmütigen Herzen kommen. Da das Herz solcher Leute unberechenbar und unbeständig ist, danken sie nur, wenn sie eine Gebetserhörung erleben, und sie beschweren sich auch gleich wieder und jammern, wenn sie schwierige Prüfungen vor sich haben. So betrügen auch diejenigen mit schändlichem Herzen ihr Gewissen und zögern nicht, ihre Meinung zu ändern, um ihre eigenen Interessen durchzusetzen.

Eine „betrügerische" Person täuscht sich und ihr Gewissen. Uns muss klar sein, dass diese Art von Betrug zu einer Falle von Satan wird. Es gibt Lügner, die aus Gewohnheit lügen und andere, die eine Lüge erzählen, um andere zu schützen; aber Gott will, dass wir selbst solche Lügen ablegen. Manche Leute fügen anderen Schaden hinzu, indem sie eine Falschaussage machen. Solche Leute, die andere in böser Absicht betrügen, werden nicht errettet werden.

Außerdem werden diejenigen als „Betrüger" betrachtet, die den Heiligen Geist betrügen und im Werk Gottes betrügerisch vorgehen. Judas Iskariot, einer der zwölf Jünger Jesu, war für das Geld verantwortlich und betrog im Werk Gottes, indem er Geld aus der Kasse nahm und andere Sünden beging. Als Satan schließlich in ihn fuhr, verkaufte er Jesus für dreißig Silberlinge und wurde auf ewig verworfen.

Es gibt Menschen, die sehen, wie durch den Heiligen Geist mit der Kraft Gottes Kranke geheilt und Dämonen ausgetrieben werden, aber sie leugnen diese Werke und behaupten stattdessen, dies sei das Werk des Satans. Solche Leute können nicht in den Himmel kommen, weil sie Gott damit lästern und gegen den Heiligen Geist ankommen. Wir sollten unter keinen Umständen lügen – denn Gott hört mit.

### Aus dem Buch des Lebens auslöschen

Wenn wir aus Glauben gerettet sind, werden unsere Namen im Buch des Lebens des Lammes eingetragen. (Offenbarung 3,5). Das heißt aber nicht, dass alle, die Jesus Christus angenommen haben, errettet werden. Tatsache ist, dass wir nur errettet sind, wenn wir dem Wort Gottes entsprechend handeln und das Herz des Herrn widerspiegeln, indem wir unsere Herzen beschneiden. Wenn wir weiter in der Unwahrheit handeln, selbst nachdem wir Jesus Christus angenommen haben, werden unsere Namen aus dem Buch des Lebens gelöscht und so erlangen wir am Ende die Errettung nicht.

Dementsprechend lesen wir in Offenbarung 22,14-15, dass die gesegnet sind, die ihre Roben gewaschen haben; wohingegen diejenigen, die ihre Roben nicht waschen, auch nicht gerettet werden:

> *Glückselig, die ihre Kleider waschen, damit sie ein Anrecht am Baum des Lebens haben und durch die Tore in die Stadt hineingehen! Draußen sind die Hunde und die Zauberer und die Unzüchtigen und die Mörder und die Götzendiener und jeder, der die Lüge liebt und tut.*

Der Ausdruck „Hunde" beschreibt diejenigen, die immer wieder die Unwahrheit praktizieren. Die, die sich nicht von ihren bösen Taten abwenden, sondern weiter das Böse tun, können nicht gerettet werden. Sie sind wie ein Hund, der zu seinem Gespei zurückkehrt und eine gewaschene Sau zum Wälzen im Kot. Es scheint zwar so, als hätten sie das Böse abgelegt, doch sie wiederholen es immer wieder; es scheint, als hätten sie sich gebessert, aber sie kehren zum Bösen zurück.

Gott erkennt dagegen den Glauben derer, die sich danach ausstrecken, Gutes zu tun, selbst dann, wenn sie sich noch nicht ganz nach Gottes Wort richten können. Am Ende werden sie dennoch gerettet, weil sie sich immer mehr verändern lassen und Gott ihre Bemühungen als Glauben wertet.

Die „Zauberer" sind die, die abscheulich handeln und die andere dazu bringen, falsche Götter anzubeten. Das ist ein schrecklicher Gräuel in Gottes Augen.

Die „Unzüchtigen" begehen Ehebruch, obwohl sie einen Ehemann oder eine Ehefrau haben. Es gibt aber nicht nur körperlichen Ehebruch, sondern auch geistlichen; bei letzterem liebt ein Mensch etwas anderes mehr als Gott. Wenn jemand den lebendigen Gott ernsthaft erlebt und Seine Liebe begriffen hat, sich dann aber dennoch abwendet und stattdessen weltliche Dinge oder seine Familie mehr liebt als Gott, hat diese Person geistlichen Ehebruch begangen und die Beziehung zu Gott stimmt nicht mehr.

„Mörder" begehen körperlichen oder geistlichen Mord. Wenn Sie mit der geistlichen Bedeutung von „Mord" vertraut sind, können Sie wahrscheinlich kaum kühn behaupten, sie hätten noch niemanden umgebracht. Geistlicher Mord bedeutet, Gottes Kinder dazu zu bringen, zu sündigen und ihr geistliches Leben zu verlieren (Matthäus 18,7). Wenn Sie anderen Menschen Schmerzen beifügen mit etwas, was der Wahrheit widerspricht, ist das auch geistlicher Mord (Matthäus 5,21-22).

Außerdem gehören zum geistlichen Mord Hass, Neid und Eifersucht, Verurteilen, Verdammen, Streiten, Wut, Betrug, Lüge, Zwistigkeiten und Parteiungen, üble Nachrede sowie Lieblosigkeit und Hartherzigkeit. (Galater 5,19-21). Bisweilen gibt es allerdings Leute, die ihren Halt durch ihre eigene Bosheit verlieren. Wenn sie Gott beispielsweise verlassen, weil sie durch jemanden in der Gemeinde enttäuscht wurden, liegt das an ihrer eigenen Bosheit. Wenn sie wirklich an Gott geglaubt hätten, hätten sie nie ihr Fundament verloren.

Außerdem gehört „Götzendienst" zu den Dingen, die Gott am meisten hasst. Beim Götzendienst gibt es physischen und geistlichen Götzendienst. Beim physischen Götzendienst wird ein Abbild eines formlosen Götzen geschaffen, das dann angebetet wird. (Jesaja 46,6-7). Mit geistlichem Götzendienst ist gemeint, dass jemand irgendetwas mehr liebt als Gott. Wenn jemand seinen Ehepartner oder seine Kinder mehr liebt als Gott, wen er seinen eigenen Wünschen nachgeht oder Gottes Gebote bricht, indem er Geld, Ruhm oder Wissen mehr liebt als Gott, dann handelt es sich um Götzendienst.

Solche Menschen können nicht gerettet werden und in den Himmel kommen, weil sie Gott nicht lieben – ganz egal, wie laut sie „Herr, Herr" rufen.

Wenn Sie also Jesus Christus angenommen und den Heiligen Geist als Gabe Gottes empfangen haben und wenn Ihr Name im Buch des Lebens des Lammes steht, denken Sie bitte daran, dass Sie nur in den Himmel kommen und ins neue Jerusalem voranschreiten können, wenn sie entsprechend dem Wort Gottes handeln.

Das neue Jerusalem ist der Ort, an den nur die kommen können, die ihre Herzen völlig geheiligt haben und im ganzen Hause Gottes treu waren.

Einerseits können die, die ins neue Jerusalem kommen, Gott von Angesicht zu Angesicht sehen, angenehme Gespräche mit dem Herrn führen und unvorstellbar große Ehre und Herrlichkeit genießen. Andererseits können die, die ins Paradies, ins erste, zweite oder dritte Königreich des Himmels kommen, das neue Jerusalem nur dann besuchen, wenn sie zu besonderen Banketts eingeladen werden, einschließlich derer, die Gott, der Vater, selbst hält.

Ich lobe den Namen Jesu und bete, dass Sie ein wahres Kind Gottes werden, dass Sie den guten Kampf gegen die Sünde und das Böse kämpfen – bis zum Blutvergießen, dass Sie in Ihrem Herzen geheiligt werden und im ganzen Hause Gottes treu sind, damit Sie in Ewigkeit im neuen Jerusalem verbringen werden.

# Kapitel 8

# „Ich sah die heilige Stadt, das neue Jerusalem"

*„Glückselig seid ihr, wenn sie euch schmähen und verfolgen und alles Böse lügnerisch gegen euch reden werden um meinetwillen. Freut euch und frohlockt, denn euer Lohn ist groß in den Himmeln; denn ebenso haben sie die Propheten verfolgt, die vor euch waren."*

*- Matthäus 5,11-12*

Im neuen Jerusalem werden himmlische Häuser errichtet, in denen die Menschen, deren Herzen das Herz Gottes vollkommen widerspiegeln, später darin leben können. Sie werden unter der Federführung des Herrn entsprechend dem Geschmack des Besitzers von Erzengeln und Engeln, die für die Bauarbeiten verantwortlich sind, gebaut. Über dieses Vorrecht können sich nur diejenigen freuen, die ins neue Jerusalem kommen. Manchmal gibt Gott selbst eine Anweisung an einen Erzengel, damit dieser ein Haus speziell für eine bestimmte Person baut, damit es den Wünschen des Besitzers ganz und gar entspricht. Er vergisst keine einzige Träne, die Seine Kinder für Sein Königreich vergossen haben und belohnt sie mit schönen und kostbaren Edelsteinen.

In Matthäus 11,12 lesen wir, wie uns Gott ganz eindeutig

mitteilt, dass wir im Himmel einen umso schöneren Ort besitzen werden, je mehr geistliche Kämpfe wir hier gewinnen und je mehr wie im Glauben reifen.

*Freut euch und frohlockt, denn euer Lohn ist groß in den Himmeln; denn ebenso haben sie die Propheten verfolgt, die vor euch waren.*

Gott, der die Liebe in Person ist, will seit Jahren, dass wir eifrig auf den Himmel zustürmen, indem Er uns die himmlischen Häuser im neuen Jerusalem deutlich zeigt. Warum? Weil es für den Herrn, der hingegangen ist, um uns eine Stätte vorzubereiten, bald soweit ist, dass Er zurückkommt.

Ich hoffe, Sie begreifen die Liebe Gottes, der Sie auf einfühlsame und zärtliche Weise entsprechend Ihrer Taten belohnen wird, indem Sie auf die himmlischen Häuser schauen, die von Meisterhand geschaffen wurden.

## Himmlische Häuser von unvorstellbarer Größe

Im neuen Jerusalem gibt es viele schöne Häuser von unvorstellbarer Größe. Darunter ist ein schönes und prächtiges Haus, das auf einem sehr großen Areal errichtet wurde. In der Mitte steht ein rundes, großartiges, wunderschönes, dreistöckiges Schloss und um das Schloss herum, gibt es viele andere Gebäude und Dinge, an denen man sich erfreuen kann. Es gibt auch Karussells, wie man sie in Freizeitparks findet, so dass dieser Ort wie eine weltberühmte Touristenattraktion aussieht. Was einen wirklich überrascht, ist, dass dieses stadtgroße himmlische Haus einem Menschen gehört, der auf der Erde gelebt hat!

## Glückselig die Sanftmütigen, denn sie werden das Land erben

Wenn wir auf der Erde die finanziellen Möglichkeiten haben, können wir ein großes Stück Land kaufen und ein schönes Haus darauf errichten, dass unseren Wünschen entspricht. Im Himmel können wir weder Land kaufen noch irgend etwas bauen, ganz egal wie viel Reichtum wir angehäuft haben, weil Gott uns mit Grund und Boden sowie mit Häusern entsprechend unserer Taten belohnt.

In Matthäus 5,5 steht: *„Glückselig die Sanftmütigen, denn sie werden das Land erben."* Je nachdem, inwieweit wir dem Herrn schon ähnlich sind und auf dieser Erde in geistlicher Demut wandeln, können wir „das Land" im Himmel erben. Der Grund dafür ist, dass jemand, der geistige gesehen demütig ist, alle Menschen in die Arme schließen oder annehmen kann. Andere Menschen können zu ihm kommen und Ruhe und Trost finden. So jemand lebt mit allen in Frieden – und zwar in jeder Situation, denn sein Herz ist so weich und sanft wie Watte.

Wenn wir dagegen mit der Welt Kompromisse schließen und gegen die Wahrheit angehen, nur um mit anderen Menschen den „Frieden" zu bewahren, handelt es sich ganz und gar nicht um geistige Demut. Jemand, der wahrhaftig demütig ist, kann nicht nur viele Menschen mit einem weichen und warmen Herzen annehmen, sondern auch kühn und stark genug sein, so dass er für die Wahrheit sogar sein Leben opfern würde.

Weil sie Liebe und Sanftheit entwickelt haben, können solche Menschen die Herzen von vielen anderen Leuten gewinnen, sie auf den Weg der Errettung führen und auf einen besseren Ort im Himmel hindeuten. Darum kann so jemand im Himmel ein derart grandioses Haus haben. So ist auch klar, dass das im Weiteren beschriebene Haus einer wirklich sanftmütigen Person gehört.

## Ein Haus wie eine Stadt

In der Mitte dieses Hauses befindet sich ein großes Schloss, dass mit vielen Edelsteinen und mit Gold dekoriert ist. Das Dach besteht aus einem runden Sardis und strahlt ganz hell. Um das strahlend helle Schloss fließt der Fluss vom Wasser des Lebens, der aus dem Thron Gottes hervorgeht und die vielen Gebäude lassen das ganze wie eine Metropole aussehen. Es gibt auch Fahrten wie in Freizeitparks, wobei die Karussells mit Gold und vielen Edelsteinen dekoriert sind.

Auf der einen Seite dieses großen Areals sind Wälder, eine Ebene und ein großer See und auf der anderen Seite befinden sich weitläufige Hügel mit allen möglichen Blumen und Wasserfällen. Es gibt auch einen See auf dem sich ein großer Dampfer wie die Titanic befindet und herumfährt.

Wir wollen nun eine Tour durch dieses prächtige Haus machen. Es gibt zwölf Tore auf den vier Seiten; lassen Sie uns durch das Haupttor hineingehen. Von hier aus können wir das Hauptschloss in der Mitte sehen.

Das Haupttor ist mit vielen Edelsteinen dekoriert und wird von zwei Engeln bewacht. Sie sind männlich und sehen sehr stark aus. Sie stehen da, ohne mit der Wimper zu zucken und durch ihre offensichtliche Würde scheinen sie sehr unnahbar.

Auf der anderen Seite des Tores stehen schöne, große, runde Säulen. Die Wände, die mit vielen Edelsteinen und Blumen geschmückt sind, scheinen endlos zu sein. Wenn man, begleitet von den Engeln, durch das Tor geht, das sich automatisch öffnet, kann man aus der Entfernung das große Schloss mit seinem roten Dach sehen, von dem aus schönes Licht auf einen herunter scheint.

Wenn man diese vielen, unterschiedlich großen, mit vielen Edelsteinen geschmückten Häuser betrachtet, muss man einfach tief bewegt sein über die Liebe Gottes, der uns 30-, 60- oder 100-fach entsprechend dem belohnt, was wir getan oder geopfert haben. Man ist dankbar, dass Er Seinen eingeborenen Sohn gegeben hat, um den Menschen den Weg zur Errettung und zum ewigen Leben zu zeigen. Außerdem hat Er diese schönen himmlischen Häuser für die Menschen vorbereitet, so dass ihnen das Herz nur so vor Dankbarkeit und Freude überfließen wird.

Da außerdem sanfte, klare und schöne Klänge von Lobpreis zu hören sind, wird ihr Geist dort von unaussprechlichem Frieden und Glück überwältigt sein. Die Gefühle der Menschen werden nur so übersprudeln:

Weit weg in den Tiefen meines Geistes
Erklingt heute Nacht eine Melodie,
die süßer ist als ein Psalm;
In himmelsgleichen Klängen
Erschallt sie ohne Unterlass
Über meiner Seele wie eine unendliche Ruhe.
Frieden! Frieden! wunderbarer Frieden
Strömt vom Vater oben herab!
„Wasche auf immer über meinen Geist hinweg",
ist mein Gebet
In unendlich tiefen Wogen der Liebe.

### Goldene Straßen so klar wie Glas

Lassen Sie uns nun auf der goldenen Straße in das große, in der Mitte gelegene Schloss gehen. Wenn Besucher den Eingang passieren, werden sie von goldenen, mit Edelsteinen besetzten Bäumen mit appetitlichen Edelsteinfrüchten auf beiden Seiten der Straße begrüßt. Dann nehmen sich die Besucher eine von den Früchten. Diese zerschmelzen im Munde und sind so köstlich, dass der ganze Leib davon gestärkt wird und man sich freut.

Auf beiden Seiten der goldenen Straße heißen Blumen in verschiedensten Farben und Größen die Besucher willkommen und begrüßen sie mit ihren Düften. Dahinter befinden sich goldene Rasenflächen und viele Baumsorten, die diese Art Garten abrunden. Die Blumen in schönen Regenbogenfarben schauen aus, als würden sie Licht ausstrahlen und jede Blume verströmt einen anderen Duft. Auf manchen dieser Blumen sitzen Insekten, wie regebogenfarbene Schmetterlinge, die sich unterhalten. An den Bäumen hängen viele appetitliche Früchte zwischen glänzenden Zweigen und Blättern. Viele Vögel mit goldenen Federn sitzen in den Bäumen und singen, wodurch die ganze Sache noch friedlicher und glücklicher wirkt. Außerdem gibt es einig Tiere, die einfach friedlich herumlaufen.

### Ein Wolkenautomobil und ein goldener Wagen

Jetzt stehen Sie am zweiten Tor. Das Haus ist so groß, dass es innerhalb des Haupttores ein weiteres Tor gibt. Vor Ihren Augen erstreckt sich eine große Fläche, die einer Garage ähnelt, in der viele Wolkenmobile und ein goldener Wagen geparkt sind – und Sie sind von dieser unfassbaren Szene überwältigt.

Der goldene Wagen, der mit großen Diamanten und Edelsteinen besetzt ist, gehört dem Besitzer dieses Hauses und ist für eine Person. Wenn der Wagen sich bewegt, erstrahlt er wegen der glitzernden Juwelen wie eine Sternschnuppe und er ist viel, viel schneller als die Wolkenmobile.

Wolkenmobile sind von reinen, weißen Wolken und vielen, schönen, bunten Lichtern umgeben. Sie haben vier Räder und Flügel. Diese Fahrzeuge fahren auf dem Boden auf Rädern; wenn sie fliegen, werden ihre Räder automatisch eingefahren und ihre Flügel ausgestreckt, so dass sie ungehindert fahren beziehungsweise fliegen können.

Mit welch einer Autorität und Ehre muss es wohl verbunden sein, im Himmel mit dem Herrn per Wolkenmobil an viele Orte zu reisen – begleitet von den himmlischen Heerscharen und Engeln? Wenn allen, die ins neue Jerusalem kommen, ein Wolkenmobil geschenkt wird, können Sie sich vorstellen, wie viele Belohungen der Besitzer dieses Hauses bekommen hat, wenn man schon die Autos in seiner Garage nicht mehr zählen kann?

### Ein großes Schloss in der Mitte

Wenn Sie im Wolkenmobil bei dem großen, schönen Schloss ankommen, können Sie ein zweistöckiges Gebäude mit einem Dach aus Sardis erblicken. Dieses Gebäude ist so enorm groß, dass es mit keinem Gebäude hier auf Erden verglichen werden könnte. Es scheint so, als würde das Schloss sich langsam drehen und in hellen Lichtern erstrahlen. Durch diese hellen Lichter sieht das Schloss aus, als wäre es lebendig. Von reinem Gold und Jaspis gehen klare und transparente, bläuliche Lichter aus. Man kann aber dennoch nicht richtig hindurch blicken. Es sieht wie eine Skulptur ohne Verbindungsstellen oder Gelenke aus. Die Wände und die Blumen um diese Wände herum verströmen herrliche Düfte, um das Glück und die Freude, die man ohnehin schon nicht in Worte fassen kann, nur noch zu vergrößern. Blumen in verschiedenen Größen sorgen für eine schöne Landschaft und ihre verschiedenen Formen und Düfte ergeben eine ausgezeichnete Kombination.

Warum hat Gott jemandem ein so riesiges Stück Land und ein so großes, wunderschönes Haus gegeben? Der Grund ist, dass Gott nie etwas von dem, was Seine Kinder auf Erden in Seinem Königreich und für Seine Gerechtigkeit gewirkt haben, verpasst oder vergisst. Er belohnt sie überreichlich.

Ich freue mich immer
und immer wieder an Meinem Geliebten.
Dieser hat Mich so sehr geliebt,
Dass er alles gegeben hat.
Er liebte Mich mehr als seine Eltern und Brüder.
Er schonte seine eigenen Kinder nicht.
Er betrachtete sein Leben als wertlos
Und legte es für Mich nieder.

Seine Augen waren immer auf Mich gerichtet.
Er hörte Meinem Wort genau zu.
Ihm lag allein Meine Verherrlichung am Herzen.
Er war immer dankbar,
Obwohl er ungerechter Weise leiden musste.
Selbst während er verfolgt wurde,
Betete er voller Liebe für die, die ihn verfolgten.
Er ließ niemandem im Stich,
Obwohl er selbst verraten wurde.

Er erfüllte seine Pflichten mit Freude,
Obwohl er unerträgliches Leid erlitt.
Und er rettete viele Seelen
und erfüllte Meinen Willen ganz und gar,
indem er Mein Herz in sich trug.

Weil er Meinen Willen erfüllte
Und mich so sehr liebte,
Habe Ich dieses großartige Und schöne Haus
im neuen Jerusalem
für ihn vorbereitet.

## Ein prächtiges Schloss mit vollkommener Privatsphäre

Wie Sie sehen können, ist Gottes Handschrift besonders in den Häusern derjenigen zu lesen, die mächtig von Ihm geliebt werden. Diese Häuser sind daher auch, was ihre Schönheit und den Glanz der Herrlichkeit angeht, auf einer höheren Ebene als andere Häuser im neuen Jerusalem.

Das große Schloss in der Mitte ist der Ort, an dem der Besitzer seine Privatsphäre vollkommen genießen kann. Das ist einerseits die Entschädigung für seine Arbeit und seine tränenreichen Gebete bei der Verwirklichung von Gottes Königreich und andererseits dafür, dass er sich Tag und Nacht um andere Seelen kümmerte – praktisch ohne ein eigenes Privatleben führen und genießen zu können.

Lassen Sie uns nun in das große Schloss gehen!

### Ein herrliches Schloss vollkommen abgelegen

Wie Sie sehen können, befasst sich Gott besonders mit den Häusern derer, die mächtig von Ihm geliebt werden. Die Schönheit und das Licht der Herrlichkeit auf diesen Häusern unterscheiden sich also von anderen Häusern im Neuen Jerusalem.

Ein in der Mitte gelegenes, großes Schloss ist der Ort, an dem der Besitzer vollkommen für sich alleine sein kann. Das soll ein Ausgleich sein für seine Arbeit für das Königreich Gottes, seine tränenreichen Gebete und die Tatsache, dass er sich Tag und Nacht um die Heiligen gekümmert hat, ohne sein Privatleben genießen zu können.

Allgemein ist zur Architektur zu sagen, dass sich das Haupthaus in der Mitte des Schlosses befindet und dass es zwei Mauern gibt. Es gibt in der Mitte eine zusätzliche Wand zwischen dem dort befindlichen Haupthaus und der äußeren Mauer. Somit besteht das gesamte Schloss aus einem Innenschloss und einem Außenschloss; sie befinden sich jeweils zwischen dem Haupthaus und der mittleren Mauer beziehungsweise der äußeren Mauer.

Um das Haupthaus im Schloss zu erreichen, muss man das Haupttor und danach noch ein zweites Tor an der mittleren Mauer passieren. An der äußeren Mauer sind viele Tore; das Tor gegenüber von der Vorderseite vom Haupthaus ist das Haupttor. Es ist mit verschiedenen Edelsteinen geschmückt und wird von zwei Engeln bewacht. Beide haben männliche Gesichter und sehen sehr stark aus. Wenn sie Wache stehen, blinzeln sie nicht einmal und man kann spüren, welche Würde von ihnen ausgeht.

Auf beiden Seiten des Haupttors sind zylindrische Säulen. Die Mauern sind mit Edelsteinen und Blumen dekoriert; sie sind so lang, dass man ihr Ende nicht sehen kann. Wenn wir von Engeln geleitet durch das Haupttor gehen, dass sich automatisch öffnet, erstrahlen schöne, helle Lichter über uns. Es gibt eine goldene Straße, die wie Kristall aussieht und zum Haupttor führt.

Wenn wir die Straße aus Gold entlanggehen, kommen wir zum zweiten Tor. Es befindet sich an der mittleren Mauer, die das innere vom äußeren Schloss trennt. Nach dem Passieren des zweiten Tors findet man einen Platz vor, der so groß ist wie ein riesiger Parkplatz auf der Erde. Dort sind zahlreiche wolkenähnliche Automobile geparkt. Unter diesen Gefährten gibt es auch eine goldene Kutsche.

Das Haupthaus von diesem Schloss ist größer als irgendein Gebäude auf der Erde. Es ist dreistöckig. Jede Etage des Gebäudes ist zylindrisch und die Bodenfläche wird mit jedem Stockwerk kleiner. Das Dach hat die Gestalt eines Zwiebelturms.

Die Wände vom Haupthaus sind aus reinem Gold und Jaspis. Es ist eine Mischung aus bläulichem und klarem, durchsichtig goldenem Licht, die in einer herrlichen Harmonie erstrahlt. Es ist so stark, dass es sich anfühlt, als wäre das Haus selbst lebendig und würde sich bewegen. Das gesamte Gebäude gibt brillantes Licht ab und es sieht aus, als würde es sich langsam drehen.

Lassen Sie uns in dieses große Schloss eintreten!

### Zwölf Tore, um ins Haupthaus des Schlosses einzutreten

Das Haupthaus hat zwölf Eingangstore. Aufgrund seiner Größe ist der Abstand von einem Tor zum nächsten relativ groß. Die Tore sind gewölbt und in jedem ist das Bild eines Schlüssels eingraviert. Unter dem Bild mit dem Schlüssel steht der Name des Tores im Alphabet des Himmels geschrieben. Die

Buchstaben sind mit Edelsteinen geschrieben und jedes Tor ist jeweils mit einem anderen Edelstein geschmückt.

Darunter sind die Erklärungen, warum das jeweilige Tor so benannt ist. Was der Hausbesitzer auf der Erde erreicht hat, hat Gott der Vater zusammengefasst und an den zwölf Toren anbringen lassen.

Das erste ist das „Tor der Errettung". Es enthält eine Erklärung darüber, wie der Besitzer zum Hirten vieler Menschen wurde und unzählige Seelen auf der Welt zur Errettung geführt hat. Neben dem Tor der Errettung ist das „Tor vom Neuen Jerusalem". Unter dem Namen des Tors ist die Erklärung, dass der Besitzer viele Seelen ins Neue Jerusalem geführt hat.

Daneben ist das „Tor der Macht". Zunächst gibt es vier Tore für die vier Ebenen der Macht, darauf folgen das „Tor der Macht der Schöpfung" und das „Tor der allerhöchsten Macht der Schöpfung". Auf diesen Toren gibt es Erläuterungen, wie die jeweilige Macht viele Menschen geheilt hat, wodurch Gott verherrlicht wurde.

Das neunte ist das „Tor der Offenbarung" und darauf steht, dass der Besitzer viele Offenbarungen bekam und die Bibel gut erklären konnte. Das zehnte ist das „Tor der Errungenschaften". Es erinnert an Errungenschaften wie den Bau des Großen Heiligtums.

Das elfte ist das „Tor des Gebets". Es berichtet davon, wie der Besitzer sein ganzes Leben dafür gebetet hat, den Willen Gottes mit Seiner Liebe zu erfüllen und wie er eindringlich für Seelen gebetet hat.

Das letzte und zwölfte Tor ist hat die Inschrift „Siege gegen den Feind, den Teufel, Satan." Darauf steht die Erklärung, dass der Besitzer jedes Mal alles mit Glauben und Liebe überwinden konnte, wenn der Feind, der Satan, versuchte, ihm Schaden zuzufügen oder ihn zur Verzweiflung zu bringen.

### Besondere Inschriften und Muster an den Wänden

Die aus reinem Gold und Jaspis bestehenden Wände sind mit Designs aus nachhallenden Worten und Zeichnungen geschmückt. Dort finden sich alle Einzelheiten der Verfolgungen und Lästerungen, die er für das Königreich Gottes ertrug. Was noch erstaunlicher ist, ist dass Gott selbst diese Worte in einem Gedicht festhielt und die Buchstaben schön hell glitzern. Das Schloss hat zwölf Tore, so dass die Menschen auf allen vier Seiten hineingehen können. In jedem Tor ist ein Geheimnis verborgen. Es gibt Schlüssel für Glauben, Liebe, Evangelisieren und so weiter. In jedes Schloss passt ein anderer Schlüssel.

Wenn Sie ins Schloss hineinkommen, nachdem Sie eines dieser Tore passiert haben, werden Sie Dinge sehen, die viel schöner sind, als was Sie draußen gesehen haben. Die Lichter der Edelsteine überlappen zwei-, dreimal und dadurch sehen sie so wunderschön aus.

Inschriften über die Tränen des Besitzers, seinen Einsatz und seine Bemühungen auf dieser Erde sind auch auf den Innenwänden eingraviert und von ihnen gehen strahlende Lichter aus. Die Zeiten, wo er nächtelang für das Königreich Gottes betete und das reine Aroma das entstand, als er sich selbst als Trinkopfer für andere Seelen hingab, sind in einem Gedicht festgehalten und dieses erstrahlt in schönen Lichtern.

Allerdings hat Gott, der Vater, die meisten Details der Inschrift verdeckt, damit Er sie dem Besitzer selbst zeigen kann, wenn er an diesem Ort ankommt. Warum? Gott will das Herz dieses Menschen neu empfangen, denn er wird den Vater mit tiefen Gefühlen und mit Tränen verherrlichen, wenn Er ihm diese Inschrift zeigt und ihm sagt: „Das habe ich für dich vorbereitet."

Auch hier auf der Erde schreiben Verliebte den Namen des oder der Geliebten immer wieder auf. Sie schreiben seinen oder ihren Namen auf ein Notizblatt oder in ein Tagebuch, in den Sand am Strand oder sie schnitzen den Namen sogar in Bäume oder meißeln ihn in Stein. Sie wissen nicht, wie sie ihre Liebe ausdrücken sollen und schreiben deshalb den Namen der Person, die sie lieben, immer wieder auf.

So gibt es im Himmel auch eine goldene Tafel, auf der nur drei Wörter stehen. Diese drei Wörter sind: Vater, Herr und Ich. „Vater, Herr, Ich." Der Besitzer des Hauses konnte seine Liebe für den Vater und den Herrn nur mit diesen Worten ausdrücken. Es offenbart einfach sein Herz.

### Treffen und Banketts im Erdgeschoss

Dieses Schloss ist meistens nicht für andere Menschen zugänglich, sondern nur zu bestimmten Gelegenheiten, beispielsweise wenn dort Banketts oder Bälle abgehalten werden. Es gibt einen sehr großen Saal, in dem sich zahllose Menschen versammeln und Festmahle genießen können. Er wird auch für Versammlungen genutzt, bei denen der Besitzer seine Liebe und Freude verschenkt und sich mit seinen Gästen unterhält.

Der Saal ist rund und so groß, dass man von einem Ende aus das andere nicht sehen kann. Der Boden ist in Weiß gehalten und sehr glatt. Darin befinden sich viele Edelsteine und er glänzt mächtig. In der Mitte des Saals ist ein dreistufiger Kronleuchter, der dem Raum noch mehr Würde verleiht. Außerdem gibt es weitere goldene Kronleuchter in verschiedenen Größen an den Seitenwänden, die den Saal noch mehr verschönern. Außerdem gibt es in der Mitte des Saals eine runde Bühne. Viele Tische sind um die Bühne herum aufgestellt. Die geladenen Gäste nehmen der Reihe nach Platz und unterhalten sich angenehm.

Die Dekoration im gesamten Gebäude ist dem Geschmack des Besitzers entsprechend gewählt. Sie ist zart und sehr schön gestaltet; dies trifft auch auf das von ihr ausgehende Licht zu. Jeder der sich darin befindlichen Edelsteine wurde von Gott ausgewählt und es ist eine große Ehre, vom Bewohner dieses Hauses zu einem dieser Banketts eingeladen zu werden.

### Verborgene Räume und Empfangshallen auf dem ersten Stock

Auf dem ersten Stock dieses großen Schlosses gibt es viele Zimmer und jedes birgt ein Geheimnis, das erst im Himmel vollkommen gelüftet wird. Auf diese Weise belohnt Gott den Besitzer für seine Taten. In einem der Zimmer befinden sich viele goldene Kronen oder Siegeskränze, wie in einer Art Museum. Unter diesen vielen Kronen gibt es auch eine goldene Krone, eine dekorative Krone auch aus Gold, eine Kristallkrone, eine Perlenkorne und eine dekorative Krone aus Blumen. Daneben gibt es viele andere Kronen, die mit den verschiedensten Edelsteinen geschmückt sind. Solche „Siegeskränze" werden jedes Mal vergeben, wenn der Besitzer etwas für das Königreich tut und Gott auf dieser Erde die Ehre gibt. Die jeweilige Größe und Form, die Materialien und Dekorationen darauf unterscheiden sich, wodurch verschiedene Grade der Ehre ausgedrückt werden. Des Weiteren gibt es große Zimmer, die als begehbare Schränke für Kleidung dienen sowie der sicheren Aufbewahrung von edlen Accessoires. Letztere werden von den Engeln besonders behandelt und aufbewahrt.

Außerdem gibt es einen ordentlichen, viereckigen Raum ohne viele Schmuckelemente, der „Gebetsraum" genannt wird. Diesen Raum gibt es, weil der Bewohner auf dieser Erde viele Gebete dargebracht hat. In einem weiteren Zimmer stehen verschiedenen Fernsehgeräte. Es wird als das „Zimmer des Schmerzes und der Trauer" bezeichnet; dort kann der Bewohner, wann immer er will, sein ganzes irdisches Leben anschauen. Gott hat jeden einzelnen Moment und jedes Ereignis im Leben des Besitzers davon aufgezeichnet, denn er musste viel erleiden, während er für Gott arbeitete und Ihm diente. Dabei hatte er Tränen für viele Seelen vergossen.

Im ersten Stock gibt es auch ein schön dekoriertes Plätzchen, an dem Propheten empfangen werden. Hier kann der Besitzer seine Liebe verschenken und sich angenehm mit verschiedenen Propheten unterhalten, beispielsweise mit Elia, der mit einem Wagen und feurigen Pferden in den Himmel aufgefahren war oder mit Henoch, der 300 Jahre lang mit Gott wandelte oder mit Abraham, der durch seinen Glauben den Wohlgefallen Gottes hatte oder mit Mose, der der demütigste Mann war, der je auf Erden gelegt hat oder mit dem passionierten Apostel Paulus oder mit anderen Propheten. Er wird es genießen, mit ihnen über ihr Leben und die Umstände auf Erden zu sprechen.

**Der zweite Stock – reserviert für liebevolle Begegnungen mit dem Herrn**

Die zweite Etage des großen Schlosses ist so wunderbar dekoriert, dass der Hausbesitzer den Herrn dort empfangen und sich beliebig lange und oft angenehm mit Ihm unterhalten kann. Dies ist möglich, weil er den Herrn mehr als alles andere geliebt und versucht hat, Sein Tun nachzuahmen, indem er

die vier Evangelien las, alle liebte und jedem diente – so wie
der Herr auch Seinen Jüngern gedient hatte. Außerdem betete
er tränenreich, denn er wollte unzähligen Seelen den Weg zur
Errettung zeigen. Dafür hatte er die Kraft Gottes so empfangen,
wie der Herr selbst und konnte aufgrund dessen auch zahllose
Beweise für den lebendigen Gott bringen. Jedes Mal, wenn er an
den Herrn dachte, flossen ihm nur so die Tränen. Oft konnte er
nächtelang nicht schlafen, weil er den Herrn so sehr vermisste.
Auch betete der Hausbesitzer viele, viele Male ganze Nächte
hindurch – so wie der Herr, der Nächte im Gebet verbrachte
– und er tat sein Bestes, um das Königreich Gottes ganz in die
Praxis umzusetzen.

Wie froh und glücklich wird er wohl sein, wenn er den Herrn
im neuen Jerusalem von Angesicht zu Angesicht sehen wird und
dort Seine Liebe genießen kann!

Ich kann meinen Herrn sehen!
Ich kann das Licht Seiner Augen
in meinen wahrnehmen,
Ich kann Sein mildes Lächeln
in meinem Herzen aufnehmen.
All dass ist für mich eine große Freude.
Mein Herr, wie sehr liebe ich Dich!
Du hast alles gesehen
Und Du weißt alles.
Jetzt habe ich große Freude daran,
Meine Liebe bekennen zu können.
Ich liebe Dich, Herr.
Ich habe Dich so sehr vermisst.

Gespräche mit dem Herrn werden nie langweilig oder

ermüdend.

Gott, der Vater, der diese Liebe empfangen hat, stattete das Innere dieses prächtigen Hauses auf der zweiten Etage mit wunderschönen Ornamenten und Juwelen aus. Die kunstvolle Ausführung und die Üppigkeit lassen sich nicht beschreiben und auch die Ebene des Lichtes ist etwas Besonderes. Wenn man die Häuser im Himmel betrachtet, spürt man die Gerechtigkeit und die sanfte Liebe Gottes, der uns entsprechend unserer Taten belohnt.

## Sehenswürdigkeiten im Himmel

Was gibt es sonst noch um das große Schloss herum? Wenn ich versuchen würde, das Schloss, was so groß wie eine Stadt ist, in allen Einzelheiten zu beschreiben, ergäbe das mehr als genug für ein ganzes Buch. Um das Schloss herum gibt es einen großen Garten und viele Arten von herrlich geschmückten Gebäuden, die ganz harmonisch bei einander stehen. Der Swimmingpool, ein Freizeitpark, Sommerhäuser und eine Oper lassen das Haus wie eine Touristenattraktion aussehen.

### Gott belohnt jeden entsprechend seiner Taten

Der Grund, warum der Besitzer ein solches Haus mit all diesen Anlagen haben kann, ist, dass er auf Erden ganzen seinen Körper, seinen ganzen Verstand, seine ganze Zeit und sein ganzes Geld Gott geweiht hatte. Gott belohnt ihn für alles, was er für das Reich Gottes tat, zum Beispiel für die zahllosen Seelen, denen er den Weg zur Errettung wies und für die Gemeinde Gottes, an der er mitgebaut hat. Gott ist absolut fähig, uns nicht nur das zu geben, was wir erbeten, sondern auch das, was wir uns in unserem Herzen wünschen. Wir sehen hier, dass Gott in der Lage ist, etwas Schöneres und Vollkommeneres zu entwerfen als irgendein Architekt oder Städtebauer auf Erden. Dabei demonstriert er gleichzeitig Einheit und Verschiedenheit.

Auf der Erde können wir in den meisten Fällen alles haben, was wir wollen, wenn wir nur genug Geld dafür haben. Im Himmel ist das allerdings nicht der Fall. Man kann dort weder ein Wohnhaus noch Kleidung, weder Siegeskränze noch dienstbare Engel kaufen oder anheuern. All dies wird zugeteilt – und zwar entsprechend dem Maß des Glaubens und der Treue im Reich Gottes.

In Hebräer 8,5 lesen wir: *„[D]ie dem Abbild und Schatten der himmlischen Dinge dienen."* Diese Welt ist ein Schatten des Himmels und die Mehrheit der Tiere, Pflanzen und der Rest der Natur gibt es auch im Himmel. Allerdings sind sie viel schöner als hier auf der Erde.

Lassen Sie uns nun den Garten voller Blumen und Pflanzen entdecken.

### Orte der Anbetung und das Große Heiligtum

Im Schloss in der Mitte gibt es einen sehr großen Innenhof, in dem viele Blumen und Bäume einen wunderschönen Anblick bieten. Zu beiden Seiten des Schlosses gibt es große Bereiche zur Anbetung, in die sich die Menschen von Zeit zu Zeit begeben, um Gott mit ihrem Lobpreis zu verherrlichen. Dieses unvorstellbar große Haus im Himmel ist wie eine berühmte Attraktion für Touristen; es gibt viele Anlagen oder Räumlichkeiten. Da es lange dauern kann, bis man sich alles im Haus angeschaut hat, gibt es Stätten der Anbetung, wo man sich ausruhen kann.

Im Himmel ist die Anbetung ganz anders, als das, was wir von der Erde her gewohnt sind. Man ist nicht an Formalitäten gebunden, sondern kann Gott einfach mit neuen Liedern verherrlichen. Wenn man von der Herrlichkeit des Vaters und der Liebe es Herrn singt, wird man erfrischt, da man aus der Fülle des Heiligen Geistes empfängt. Dann gehen die Emotionen im Herzen tiefer und man ist erfüllt mit Dankbarkeit und Freude.

Neben diesen Heiligtümern gehört zu diesem Schloss auch ein Gebäude, dass genau die gleiche Architektur hat wie ein Heiligtum, das auf der Erde existiert hat. Auf der Erde hatte der Besitzer dieses Schlosses von Gott dem Vater den Auftrag bekommen, ein enorm großes Heiligtum zu bauen – und das gleiche Heiligtum steht auch im Neuen Jerusalem.

So wie David im Alten Testament sehnte sich der Besitzer des Schlosses nach dem Tempel Gottes. Es gibt auf der Welt viele Gebäude, aber es gibt wirklich kein einziges, dass die Würde und Herrlichkeit Gottes widerspiegelt. Er war über diese Tatsache wirklich betrübt.

Er hatte einen solchen Eifer für den Bau eines Heiligtums, das allein für Gott den Schöpfer bestimmt sein sollte. Gott der Vater nahm diese Herzenseinstellung an und erklärte ihm die Gestalt, Größe, Dekoration und sogar die Innenstruktur des Heiligtums. Das ist für menschliche Vorstellungen unmöglich, aber er handelte mit Glauben, Hoffnung und Liebe. Am Ende wurde das große Heiligtum gebaut.

Dieses Große Heiligtum ist nicht nur ein riesiges, ausgeschmücktes Gebäude. Es ist das Kristall der Tränen der Kraft der Gläubigen, die Gott wirklich geliebt haben. Um dieses Heiligtum zu bauen, mussten die Schätze der Welt benutzt werden. Das Herz von Königen verschiedener Nationen musste angerührt werden. Was dafür am nötigsten war, war das mächtige Wirken Gottes, das über die menschliche Vorstellungskraft hinausging.

Der Besitzer dieses Schlosses überwand große geistliche Kämpfe allein, um diese Kraft und Macht zu empfangen. Er glaubte Gott, der das Unmögliche allein mit Güte, Liebe und Gehorsam möglich macht. Er betete ohne Unterlass und als Resultat dessen baute er das Große Heiligtum, das Gott voller Freude annahm.

Gott der Vater, der all diese Fakten kannte, baute eine Nachbildung davon im Schloss dieser Person. Selbstverständlich ist dieses Große Heiligtum aus Himmel mit Gold und Juwelen erbaut, die unvergleichlich schöner sind als die Materialien hier auf Erden, auch wenn sie die gleiche Form haben.

### Eine Aufführung wie in der Oper von Sydney

In diesem Schloss gibt es eine Halle, die dem Opernhaus von Sydney gleicht. Es gibt auch einen Grund, warum Gott der Vater so eine Halle dort errichten ließ. Als der Besitzer dieses Schlosses noch auf der Erde war, organisierte er viele Gruppen, weil er wusste, wie sehr Gott Lobpreis liebt. Er verherrlichte Gott den Vater durch wunderschöne christliche Aufführungen.

Es ging auch nicht nur um das äußerliche Erscheinungsbild, die Fertigkeiten oder Methoden. Er leitete die Künstler auf geistliche Weise an, so dass sie Gott wahrhaftig und in Liebe aus tiefstem Herzen preisen konnten. Er nahm viele Künstler unter seine Fittiche, die Gott die Art von Lobpreis brachten, die Er annehmen konnte. Darum ließ Gott der Vater eine wunderschöne Halle bauen, damit diese Künstler ihre Fertigkeiten und Fähigkeiten nach Herzenslust im Schloss präsentieren können.

Ein großer See befindet sich vor diesem Gebäude und es sieht so aus, als würde es darauf schwimmen. Wenn die Fontänen das Wasser aus dem See in die Luft befördern, glitzern die Wassertropfen, wenn sie wieder herunterfallen, hell wie Diamanten. Die Halle für die Aufführungen hat eine herrliche Bühne, die mit allen möglichen Edelsteinen geschmückt ist; viele Sitzplätze warten auf das Publikum. Dort werden Engel in wunderschönen Kostümen auftreten.

Diese Engel werden in Gewändern tanzen, die Licht wie transparent funkelnde Diamanten abgeben – ähnlich wie die Flügel von Libellen. Jede ihrer Bewegungen ist vollkommen und wunderschön. Es gibt auch Engel, die singen und Musikinstrumente spielen. Sie spielen liebliche Melodien; sie tun dies mit überaus großem technischem Geschick.

Doch obwohl die Fertigkeiten der Engel so gut sind, unterscheidet sich das Aroma ihres Lobpreises und ihrer Tänze stark von dem der Kinder Gottes, denn diese empfinden in ihren Herzen eine tief gehende Liebe und Dankbarkeit Gott gegenüber. Aus Herzen, die durch ihr Menschsein verschönert wurden, entspringt ein Aroma, das Gott den Vater berührt.

Die Kinder Gottes, die die Pflicht haben, Gott auf der Erde zu preisen, werden auch im Himmel die Gelegenheit haben, Gott zu verherrlichen. Wenn ein Lobpreisleiter ins Neue Jerusalem kommt, kann er oder sie in der Halle, die wie das Opernhaus von Sydney aussieht, auftreten. Manchmal werden diese Aufführungen live in alle Wohnungen im Königreich der Himmel übertragen. Somit ist es eine große Ehre auch nur einmal für einen Auftritt auf der Bühne dieser Halle zu stehen.

## Eine Wolkenbrücke in den Farben des Regenbogens

Der Fluss vom Wasser des Lebens, der silbern glänzt, fließt durch das ganze Schloss und umschließt es. Er geht vom Thron Gottes aus und umspült zunächst das Schloss des Herrn und des Heiligen Geistes. Sodann fließt er um das neue Jerusalem, das dritte, das zweite und das erste Königreich der Himmel sowie das Paradies und am Ende zurück zum Thron Gottes.

Die Menschen unterhalten sich mit den in vielen Farben schimmernden Fischen, während sie auf goldenem und silbernem Sand zu beiden Seiten des Flusses vom Wasser des Lebens sitzen. Auf beiden Flussseiten stehen goldene Bänke und darum herum gibt es Bäume des Lebens. Wenn Sie dort auf einer der goldenen Bänke sitzen und die appetitlichen Früchte betrachten, brauchen Sie nur zu denken: „Oh, diese Früchte sehen lecker aus!" – und schon kommt ein Engel, der das Obst in einem mit Blumen drapierten Korb bringt und Sie freundlich bedient.

Es gibt um den Fluss vom Wasser des Lebens auch schöne, bogenförmige Brücken. Wenn Sie dort auf einer regenbogenfarbenen Brücke entlanggehen und auf den Fluss blicken, der sanft unter Ihnen dahin fließt, fühlen Sie sich wunderbar – als würden Sie durch den Himmel fliegen oder auf dem Wasser wandeln.

Wenn Sie den Fluss vom Wasser des Lebens überqueren, kommen Sie in einen Außenhof, in dem es viele Blumen und eine goldene Wiese gibt. Hier empfinden Sie etwas anderes als im Innenhof.

### Ein Freizeitpark und eine Blumenstraße

Hinter der Wolkenbrücke gibt es einen Freizeitpark, wo es viele unbeschreibliche Karussells gibt. So etwas haben Sie noch nie gesehen. Selbst die schönsten Parks der Welt wie Disneyland kann man mit diesem nicht vergleichen. Züge aus Kristall fahren durch den Park, eine Art Piratenschiff aus Gold und Edelsteinen bewegt sich vor und zurück. Ein Karussell dreht sich in fröhlichem Rhythmus. Außerdem gibt es eine große Achterbahn, die den Fahrgästen viel Freude bereitet. Wenn sich diese mit Edelsteinen geschmückten „Fahrzeuge" in Bewegung setzen, verbreiten sie vielschichtige Lichter. Setzt man sich hinein, wird man von einer festlichen Stimmung überwältigt.

Auf der einen Seite des Außenhofes gibt es eine endlose Blumenstraße. Die ganze Straße ist mit Blumen bedeckt – und Sie können auf den Blumen gehen. Der himmlische Leib ist so leicht, dass Sie sein Gewicht gar nicht wahrnehmen können. Die Blumen werden auch nicht zertreten, wenn Sie darüber laufen. Während Sie auf dieser breiten Blumenstraße entlanggehen, nehmen Sie den leichten Duft der Blumen wahr. Zunächst schließen sie ihre Blüten, als wären sie schüchtern. Dann öffnen sie sie wieder und winken Ihnen mit den Blütenblättern zu. Dies ist eine besondere Art, Sie willkommen zu heißen und zu begrüßen. In Märchen haben Blumen Gesichter und können sich unterhalten – das Gleiche trifft im Himmel zu.

Sie werden begeistert sein, wenn Sie auf den Blumen spazieren gehen und sich des Blumenduftes erfreuen. Und auch die Blumen sind froh und danken Ihnen, dass Sie auf ihnen gehen. Wenn Sie sanft auf sie treten, verströmen die Blumen einen noch stärkeren Duft. Jede Blume hat einen anderen Duft und die Düfte mischen sich jedes Mal neu, so dass Sie immer wieder etwas Neues verspüren, wenn Sie spazieren gehen. Diese Blumenstraßen erstrecken sich in diese und jene Richtung – wie auf einem prächtigen Gemälde, um die Schönheit dieses himmlischen Hauses noch zu unterstreichen. Das Haus dieser Person ist wirklich enorm groß, ja es scheint sogar endlos zu sein und dazu gehören noch alle möglichen Anlagen.

## Eine große Ebene, auf der Tiere friedlich spielen

Zwischen den Blumenstraßen erstreckt sich eine große, weite Ebene und darauf befinden sich zahlreiche Arten von Tieren, die Sie auch hier auf Erden kannten. Natürlich sehen Sie auch viele andere Tiere an anderen Orten, doch hier sind fast alle vertreten, außer denen, die sich gegen Gott gestellt hatten, wie die Drachen. Die Szene vor Ihren Augen erinnert Sie an die Weite der afrikanischen Savanne. Diese Tiere verlassen ihr Gebiet nicht, obwohl es keine Zäune gibt. Stattdessen spielen sie einfach. Sie sind größer als hier auf der Erde und erscheinen in schöneren und heller strahlenden Farben. Hier gilt das Faustrecht nicht.

Alle Tiere sind sanftmütig. Selbst die Königstiere, das heißt die Löwen, reagieren überhaupt nicht aggressiv, sondern sanft. Ihre goldenen Mähnen sind ganz weich. Im Himmel können Sie sich auch mit den Tieren unterhalten. Stellen Sie sich einmal vor, wie Sie die großartige Natur dort genießen werden, indem Sie über die Ebene laufen und auf Löwen und Elefanten reiten. Das gibt es nicht nur in Märchen, sondern es ist das Vorrecht derer, die gerettet sind und den Himmel besitzen.

## Ein privates Sommerhaus und ein goldener Stuhl zum Ausruhen

Da das Haus dieser Person wie eine große Touristenattraktion im Himmel ist, die viele andere genießen, hat Gott dem Besitzer ein besonderes Cottage gegeben, das er ganz privat nutzen kann. Dieses Häuschen steht auf einem kleinen Hügel, hat einen wunderbaren Ausblick und ist sehr gut ausgestattet. Nicht jeder darf in dieses Haus hinein, weil es ganz für den persönlichen Gebrauch ist. Dorthin kann sich der Bewohner allein zurückziehen und ausruhen oder Propheten wie Elia, Henoch, Abraham oder Mose empfangen.

Des Weiteren gibt es noch ein Cottage aus Kristall. Im Gegensatz zu anderen Gebäuden ist es allerdings durchsichtig. Trotzdem kann man das Innere von Draußen nicht sehen und der Eingang ist für andere unzugänglich. Auf dem Dach dieses Kristallhauses befindet sich ein Drehstuhl. Wenn der Besitzer dort sitzt, kann er das ganze Anwesen überblicken – über Zeit und Raum hinweg. Gott hat es speziell für ihn errichten lassen, damit er sich darüber freuen kann, wie viele Menschen sein Haus besuchen. Er kann sich dort aber einfach auch nur ausruhen.

### Ein Hügel der Reminiszenz und eine Straße der Einkehr

Die Straße der Einkehr, die von Bäumen des Lebens gesäumt wird, ist so ruhig und friedlich, als wäre die Zeit dort stehen geblieben. Mit jedem Schritt, den der Besitzer geht, kommt Frieden aus der Tiefe seines Herzens. Er sinnt über die Dinge nach, die auf der Erde geschahen. Wenn er an Sonne, Mond und Sterne denkt, erscheint eine Art Bildschirm über seinem Kopf, auf dem dann Sonne, Mond und Sterne zu sehen sind. Im

Himmel ist das Licht von Sonne, Mond und Steren nicht nötig, weil dort alles im Licht der Herrlichkeit Gottes erstrahlt. Doch dieser „Bildschirm" wird für den Hausbesitzer zur Verfügung gestellt, so dass er an die Dinge auf der Erde denken kann.

Außerdem gibt es einen Hügel der Reminiszenz – der macht ein großes Dorf aus. Dort kann der Bewohner seine Zeit auf Erden nochmals durchleben; die Überreste davon wurden dort gesammelt: das Haus, in dem er geboren wurde; Schulen, die er besuchte; Dörfer und Städte, in denen er lebte; die Orte, an denen er Prüfungen zu bestehen hatte; der Ort, an dem er Gott zum ersten Mal begegnete und die Gemeindesäle, die er errichtete, nachdem er ein Diener Gottes wurde – all das ist in chronologischer Reihenfolge angeordnet.

Obwohl sich die Baumaterialien natürlich von denen hier auf Erden unterscheiden, sind die Dinge aus dem irdischen Leben ganz genau nachgebildet – so dass die Menschen ihr Dasein auf der Erde nachzeichnen können. Wie wundersam und sanft doch die Liebe Gottes ist!

### Wasserfälle und ein See mit Inseln

Wenn Sie weiter auf der Straße der Einkehr gehen, können Sie in der Ferne laut und deutlich einen Klang hören: dieser kommt von einem ganz bunten Wasserfall. Wenn die Gischt davon hoch spritzt, erstrahlen wunderschöne Edelsteine auf dem Grund des Wasserfalls in ganz herrlichen Lichtern. Diese Szene ist so prächtig anzuschauen – wie der große Wasserfall über drei Ebenen von oben herab in den Fluss vom Wasser des Lebens fließt. Zu beiden Seiten des Wasserfalls gibt es Juwelen, die doppelt und dreifach strahlen. Es ist schon erstaunlich, wenn dieses Licht durch die Gischt schimmert. Man fühlt sich erfrischt und voller Kraft, wenn man dieses Bild nur betrachtet.

Oberhalb des Wasserfalls befindet sich ein Pavillon. Von dort aus haben die Menschen eine großartige Aussicht und können sich einfach ausruhen. Man sieht das ganze himmlische Haus. Das Panorama ist so herrlich und schön, dass man es einfach nicht adäquat mit irdischen Worten beschreiben kann.

Hinter dem Schloss ist ein großer See und es gibt darin große und kleine Inseln. Das makellos klare Wasser strahlt so, als hätte jemand Edelsteine auf die Oberfläche gestreut. Es ist herrlich, die Fische im klaren See schwimmen zu sehen und man ist ganz überrascht, wenn man schöne, jadegrüne Häuser entdeckt, die unter Wasser gebaut sind. Hier auf Erden kann nicht einmal der reichste Mensch ein Haus unter dem Wasser bauen lassen.

Da aber der Himmel in einer vierdimensionalen Welt ist, wo alles möglich ist, gibt es dort unzählige Dinge, die wir nicht begreifen und deren Existenz wir uns nicht vorstellen können.

### Ein gigantische Schiff wie die Titanic und ein Kristallboot

Auf den Inseln auf dem See wachsen viele verschiedene wilde Blumen. Dazu gibt es Singvögel und kostbare Steine, die die schöne Szene abrunden. Hier werden Kanu- und Surfwettbewerbe abgehalten, die viele Himmelsbewohner anziehen. Auf dem sanften Wellengang des Sees bewegt sich ein Schiff wie die Titanic. Darauf gibt es verschiedene Anlagen, wie Swimmingpools, Theater und Bankettsäle. Wenn Sie sich auf dem transparenten Schiff befinden, dass ganz aus Kristall besteht, haben Sie das Gefühl, als würden Sie auf dem See gehen. Die Schönheit des Sees können Sie in einem U-Boot genießen, dass die Form eines Rugby-Balles hat.

Wie schön es wohl an einem so herrlichen Ort sein muss

- auf einem Schiff wie der Titanic, auf dem Kristallboot oder in diesem U-Boot, selbst wenn man nur einen Tag darauf verbringen dürfte! Nun, der Himmel ist ein ewiger Ort – so dass Sie sich dieser Dinge in Ewigkeit freuen können, wenn sie die Qualifikation für das neue Jerusalem mitbringen.

### Viele Sport- und Freizeitanlagen

Es gibt auch Sport- und Freizeitanlagen, wie Golfplätze, Bowlingbahnen, Schwimmbäder, Tennis-, Volleyball- und Basketballplätze und vieles mehr. Diese werden als Belohnung vergeben, weil die Besitzer diese Sportarten auf der Erde hätten genießen können, dies aber nicht taten und stattdessen ihre gesamte Zeit nur für Ihn investiert haben.

Auf der Bowlingbahn, die aus Gold und Edelsteinen besteht und wie ein Kegel gestaltet ist, bestehen auch die Kugeln und Kegel aus Gold und Edelsteinen. Die Menschen spielen in Dreier- beziehungsweise in Fünfergruppen. Sie genießen die Zeit miteinander und feuern sich gegenseitig an. Anders als auf der Erde fühlt sich die Kugel nicht an, als würde sie viel wiegen; das heißt, sie rollt die Bahn auch dann schwungvoll hinunter, wenn Sie nur wenig Kraft einsetzen. Wenn sie auf die Kegel trifft, erstrahlen diese in hellen Lichtern und man hört einen schönen Klang.

Auf dem Golfkurs, der sich auf dem goldenen Rasen befindet, beugt sich das Gras beim Spielen automatisch, damit der Ball gut rollen kann. Wenn das Gras sich wie Dominos so hinlegt, schaut es wie eine goldene Welle aus. Im neuen Jerusalem gehorchen selbst die Rasenflächen den Herzenswünschen ihres Besitzers. Sobald ein Ball im Loch ist, kommt eine Wolke und transportiert den Spieler auf einen anderen Golfplatz. Es ist erstaunlich.

Einfach wunderbar!

Die Menschen haben auch im Swimmingpool viel Spaß. Da im Himmel niemand ertrinkt, können auch die Schwimmen, die es auf der Erde nicht gelernt haben. Außerdem saugen sich die Kleider nicht mit Wasser voll. Stattdessen perlt es daran wie von einem Blatt ab. Die Menschen können es genießen, jederzeit schwimmen zu gehen, denn sie können ihre Kleidung anbehalten.

### Verschieden große Seen und Springbrunnen in den Gärten

Es gibt viele Seen in verschiedenen Größen, die zu diesem großen, weiträumigen Haus im Himmel gehören. Wenn die bunten Fische im See mit ihren Flossen winken, als würden sie Tanzen, um den Kindern Gottes eine Freude zu bereiten, sieht es aus, als würden sie ihre Liebe damit laut bekunden. Man findet auch Fische, die ihre Farben ändern können. Ein Fisch, der mit einer silbernen Flosse winkt, kann ganz plötzlich eine Perlenfarbe annehmen.

Es gibt zahlreiche Gärten und jeder hat einen anderen Namen, der seine einzigartige Schönheit und seinen Charakter widerspiegelt. Man kann ihre Eleganz nicht wirklich in Worte fassen, weil Gottes Meisterhand selbst an den Blättern abzulesen ist.

Auch die Springbrunnen und Fontänen unterscheiden sich entsprechend der Eigenschaften eines jeden Gartens. Normalerweise schießt aus Springbrunnen Wasser nach oben heraus – dort gibt es allerdings welche, aus denen schöne Lichter und Düfte hervorgehen. Man trifft auf neue und kostbare Düfte, wie man sie hier auf Erden nicht kennt – wie beispielsweise den Duft des Ausharrens, der von einer Perle ausgeht oder

der Duft der Mühe und Leidenschaft, wie er aus einem Sardis hervorströmt oder auch der Duft der Aufopferung und der Treue und viele andere Düfte. In der Mitte der Springbrunnen, aus denen es nur so hervorsprudelt, sind Worte und Zeichnungen, die die Bedeutung eines jeden Springbrunnens erklären und den Grund für seine Errichtung angeben.

Des Weiteren gibt es viele andere Gebäude und besondere Orte in diesem schlossähnlichen Haus. Es ist wirklich schade, dass all diese Anlagen hier nicht im allen ihren Einzelheiten beschrieben werden können. Wichtig ist, dass nichts grundlos vergeben wird, sondern dass sich die Belohnungen danach richten, was man für das Königreich und die Gerechtigkeit Gottes auf dieser Erde getan hat.

### Ihre Belohnung im Himmel ist groß

Sie haben inzwischen sicherlich erkannt, dass dieses himmlische Haus so riesig und großartig ist, als dass man es sich nicht richtig vorstellen kann. Das große Schloss, wo die Privatsphäre des Besitzers absolut gewahrt bleibt, steht in der Mitte des Anwesens. Rund herum gibt es viele andere Gebäude und Anlagen sowie große Gärten. Dieses Haus ist eine Touristenattraktion im Himmel. Sie können vielleicht gar nicht anders, als sich über die unvorstellbare Größe dieses Hauses zu wundern, das Gott für eine einzige Person vorbereitet, die hier auf Erden lebte.

Was ist der Grund dafür, dass Gott ein Haus im Himmel vorbereitet hat, das die Ausmaße einer großen Stadt hat? Lassen Sie uns Matthäus 5,11-12 anschauen:

*Glückselig seid ihr, wenn sie euch schmähen und*

*verfolgen und alles Böse lügnerisch gegen euch reden*
*werden um meinetwillen. Freut euch und frohlockt, denn*
*euer Lohn ist groß in den Himmeln; denn ebenso haben*
*sie die Propheten verfolgt, die vor euch waren.*

Wie viel hat der Apostel Paulus für den Bau von Gottes
Königreich leiden müssen? Er erlitt unaussprechliche
Schwierigkeiten und wurde verfolgt, weil er zu den Heiden über
Jesus, den Erretter, predigte. Wir können sehen, dass er sehr
viel für das Königreich Gottes tat, wenn wir im 2. Korinther ab
11,23 lesen. Paulus war im Gefängnis, wurde geschlagen und war
oft in Todesgefahr, während er das Evangelium predigte.

Doch Paulus beschwerte sich nie und war nicht nachtragend,
vielmehr freute er sich und war froh, so wie das Wort Gottes ihm
dies gebot. Die Tür zur Missionierung der gesamten heidnischen
Welt wurde schließlich von Paulus aufgetan. So kam er natürlich
ins neue Jerusalem, wo ihm eine Ehre verliehen wurde, die wie
die Sonne strahlt.

Gott liebt diejenigen sehr, die emsig arbeiten und treu sind,
so sehr, dass sie sogar ihr Leben opfern. Er lobt und belohnt sie
im Himmel mit vielen Dingen.

Das neue Jerusalem ist nicht für eine bestimmte Person
reserviert. Alle, die ihr Herz heiligen, damit sie Gottes Herz
widerspiegeln und ihre Pflichten mit Leidenschaft erfüllen,
können hineinkommen und dort leben.

Ich lobe den Namen des Herrn Jesus und bete, dass sie Gottes
Herz widerspiegeln werden, indem Sie eifrig beten, in Gottes
Wort verweilen und Ihre Pflichten vollkommen erfüllen, damit Sie
ins neue Jerusalem kommen und unter Freudentränen bekennen
können: „Ich bin so dankbar für die große Liebe des Vaters."

# Kapitel 9

## Das erste Bankett im neuen Jerusalem

*„Wer nun eins dieser geringsten Gebote auflöst und so*
*die Menschen lehrt, wird der Geringste heißen im Reich*
*der Himmel; wer sie aber tut und lehrt, dieser wird groß*
*heißen im Reich der Himmel. "*

*- Matthäus 5,19*

Im neuen Jerusalem befindet sich Gottes Thron und dort werden von den zahllosen Menschen, die auf der Erde aufgewachsen waren, nur diejenigen für immer leben, deren Herzen rein und schön wie Kristall sind. Das Leben im neuen Jerusalem mit dem dreieinigen Gott wird erfüllt sein von unvorstellbarer Liebe, von Emotionen, Glück und Freude. Die Menschen genießen endloses Glück, wenn sie die Anbetungsgottesdienste und Banketts besuchen und sich in liebevollen Konversationen austauschen können.

Wenn Sie im neuen Jerusalem ein von Vater Gott selbst gehaltenes Bankett besuchen, können Sie Aufführungen beiwohnen und mit unzähligen anderen Menschen aus den verschiedenen Wohnstätten im Himmel Ihre Liebe teilen.

Der dreieinige Gott, der die Menschheitsgeschichte beendete, nachdem Er sehr langmütig und geduldig war, freut sich und ist glücklich, wenn Er Seine geliebten Kinder betrachtet.

Gott, der die Liebe in Person ist, hat mir das Leben im neuen Jerusalem im Detail gezeigt. Es ist voller Emotionen, die man hier nicht fassen kann. Der Grund dafür, dass ich das Böse mit Güte überwinden und meine Feinde lieben kann, obwohl ich grundlos leiden musste, ist, dass mein Herz mit der Hoffnung auf das neue Jerusalem gefüllt ist.

Lassen Sie uns nun herausfinden, was für ein Segen es ist, „Gottes Herz", das so klar und schön wie Kristall ist, widerzuspiegeln. Dafür wollen wir uns als Beispiel einen Ausschnitt aus dem ersten Bankett, das im neuen Jerusalem gehalten werden wird, anschauen.

Ich hoffe, Sie werden emotional tief angesprochen und froh sein, wenn Sie etwas über das erste im neuen Jerusalem zu haltende Bankett lesen.

## Das erste Bankett im neuen Jerusalem

So, wie es auf der Erde Banketts gibt, finden auch im Himmel welche statt. Durch sie können wir die Freuden des himmlischen Lebens auch recht gut verstehen. Das liegt daran, dass es sich um ehrwürdige Veranstaltungsorte handelt, wo wir den Reichtum und die Schönheit des Himmels auf den ersten Blick erkennen und uns ihrer erfreuen können. Auf der Erde kleiden sich die Menschen extrem schick, um beispielsweise auf die Einladung des Präsidenten ihres Landes hin ein vorzügliches Bankett mit gutem Essen und Trinken zu genießen. Bei Banketts im Himmel gibt es schöne Tänze und Lieder und es herrscht große Freude.

### Ein wunderschöner Lobpreisklang aus dem Saal

Der Bankettsaal im neuen Jerusalem ist enorm groß und grandios. Wenn Sie hereinkommen und in den Saal treten, stellen Sie fest, dass Sie das andere Ende gar nicht sehen können. Doch dafür hören Sie schöne himmlische Musik, was Ihre starken Emotionen, die Sie bereits verspüren, nur noch verstärkt.

Wunderbar ist das Licht,
Dass es schon gab, bevor die Zeit begann.
Er strahlt alles
mit diesem ursprünglichen Licht an.
Er teilte Seine Söhne und schuf die Engel.
Seine Herrlichkeit ist hoch oben über
dem Himmel und der Erde
Und sie ist prachtvoll.
Schön ist Seine Gnade,
die Er allein ausgeweitet hat.
Er machte Sein Herz größer und schuf die Welt.
Preise Seine große Liebe mit kleinen Lippen.
Gepriesen sei der Herr,
der Lobpreis empfängt und sich freut.
Erhöhe Seinen heiligen Namen
und preise Ihn für immer.
Sein Licht ist wunderbar und würdig,
gepriesen zu werden.

Der klare und elegante Klang der Musik schmilzt in Ihrem Geist; sie begeistert und verbreitet einen Frieden, wie ihn ein Baby in den Armen seiner Mutter verspürt.

In das große Tor zum Bankettsaal, das aus weißen Edelsteinen besteht, ist ein wunderschönes Muster geschnitzt und es ist mit verschiedenen bunten Himmelsblumen geschmückt. Sie können sehen, dass Gott, der Vater, in Seiner zärtlichen Liebe für Seine Kinder an allen Ecken und Enden im neuen Jerusalem alles bis ins kleinste Detail vorbereitet hat.

### Vorbei am Tor aus weißen Juwelen

Unzählige Menschen kommen der Reihe nach durch das schöne, große Tor in den Bankettsaal, wobei die, die im neuen Jerusalem leben, die ersten sind. Sie tragen goldene Siegeskränze, die höher sind als die derer, die in anderen Wohnstädten residieren; sie erstrahlen in einem sanften Licht. Die Menschen tragen weiße, einteilige Kleider, die in hell glitzernden Lichtern erstrahlen. Das Material ist so leicht und weich wie Seide und schwingt vor und zurück.

Das Kleid, das mit Gold und vielen verschiedenen Edelsteinen dekoriert ist, hat funkelnde Stickereien aus Edelsteinen am Hals und an den Ärmeln. Je nach Belohnung unterscheiden sich die Arten der Edelsteine und die Muster. Die Schönheit und Ehre der Bewohner des neuen Jerusalems sind ganz anders als die der anderen Bewohner in allen anderen Wohnstätten im Himmel.

Im Gegensatz zu den Menschen, die im neuen Jerusalem wohnen, müssen die Menschen aus den anderen himmlischen Wohnstätten einer gewissen Prozedur folgen, um einem Festmahl im neuen Jerusalem beizuwohnen. Die Menschen aus dem dritten, zweiten und ersten Königreich im Himmel beziehungsweise aus dem Paradies müssen ihre Kleidung wechseln und besondere Gewänder für das neue Jerusalem anlegen. Da sich das Licht der himmlischen Körper der Menschen von Wohnstätte zu Wohnstätte unterscheidet, müssen sie die passende Kleidung ausleihen, um die Wohnstätten zu besuchen, die höher gelegen sind als ihre.

Darum gibt es einen besonderen Ort, wo sie sich umziehen können. Es gibt viele Kleider im neuen Jerusalem und die Engel helfen den Menschen dabei, sich umzuziehen. Allerdings müssen die Menschen aus dem Paradies, obwohl es nur wenige sind, sich selbst umkleiden – ohne die Hilfe von Engeln. Wenn sie also diese Kleider aus dem neuen Jerusalem anziehen, sind sie von der Herrlichkeit dieser Gewänder tief bewegt. Sie sind dabei allerdings auch traurig, weil sie sich eigentlich gar nicht dafür qualifiziert haben, diese Kleider zu tragen.

Die Menschen aus dem dritten, zweiten und ersten Königreich des Himmels sowie aus dem Paradies müssen sich umkleiden und den Engeln am Eingang des Festsaals ihre Einladungen präsentieren, um Einlass zu erhalten.

### Der grandiose und strahlende Bankettsaal

Wenn die Engel Sie in den Festsaal führen, können Sie gar nicht anders, als sich von den glitzernden Lichtern, der Größe und Pracht des Saals überwältigen zu lassen. Der Boden des Saals erstrahlt in der Farbe weißlicher Edelsteine ohne Fehler und ohne Flecken. Es gibt auf allen Seiten sehr viele Säulen. Die runden Säulen sind glasklar und das ganze Interieur ist mit den verschiedensten Edelsteinen geschmückt, wodurch eine einzigartige Schönheit geschaffen wird. An jeder Säule hängt ein Denkspruch, der die Stimmung und Qualität des Festmahls noch erhöht.

Wie schön und überwältigend es doch sein muss, wenn man in einen Ballsaal aus weißem Marmor und hell leuchtendem

Kristall eingeladen worden ist! Um wie viel schöner muss wohl der Bankettsaal im Himmel sein, der aus so vielen himmlischen Edelsteinen besteht!

Im vorderen Teil des Bankettsaals im neuen Jerusalem gibt es zwei Bühnen, die ein so feierliches Gefühl vermitteln, als würde man in die Vergangenheit reisen und an den Krönungsfeierlichkeiten eines Kaisers teilnehmen. In der Mitte der äußeren Bühne steht ein großer Thron aus weißen Edelsteinen für Gott, den Vater. Auf der rechten Seite dieses Throns ist der Thron des Herrn und auf der linken Thronseite befindet sich der Thron für den Ehrengast auf diesem ersten Festmahl. Diese Throne sind umgeben von brillanten Lichtern; sie sind sehr hoch und wirklich prächtig. Auf der unteren Bühne befinden sich die Plätze für die Propheten entsprechend ihrem himmlischen Rang, wodurch der Majestät von Gott, dem Vater, ausgedrückt wird.

Dieser Festsaal ist groß genug für unzählige geladene Himmelsbewohner. Auf der einen Seite des Saals sitzt ein himmlisches Orchester, dessen Dirigent ein Erzengel ist. Dieses Orchester spielt himmlische Musik, um die Freude und das Glück zu unterstreichen – nicht nur während des Festmahls, sondern auch schon bevor diese beginnt.

### Platzierung auf Anweisung der Engel

Diejenigen, die in den Festsaal eingetreten sind, werden von den Engeln zu den ihnen zugeteilten Plätzen geleitet, wobei die Menschen aus dem neuen Jerusalem vorne sitzen, gefolgt von denen, die im dritten, im zweiten und im ersten Königreich sowie im Paradies leben.

Diejenigen aus dem dritten Königreich tragen ebenfalls Siegeskränze, die sind allerdings ganz anders als die Siegeskränze aus dem neuen Jerusalem. Außerdem müssen sie runde Markierungen auf der rechten Seite ihres Siegeskranzes anbringen, damit man sie von den Menschen im neuen Jerusalem unterscheiden kann. Diejenigen aus dem zweiten und ersten Königreich müssen eine runde Markierung auf der rechten Brust tragen, so dass sie automatisch von den Menschen aus dem dritten Königreich und dem neuen Jerusalem unterschieden werden können. Die Menschen aus dem zweiten und ersten Königreich tragen ebenfalls Siegeskränze, diejenigen aus dem Paradies allerdings nicht.

Wer zum Bankett ins neue Jerusalem eingeladen ist, nimmt Platz und wartet bis Gott, der Vater, als Gastgeber des Festmahls eintritt; dabei flattern ihre Gedanken und sie zupfen an ihren Kleidern herum. Wenn die Trompete erschallt, um das Eintreten des Vaters zu signalisieren, erheben sich alle im Festsaal, um den Gastgeber zu begrüßen. Zu diesem Zeitpunkt können auch die nicht geladenen Gäste dem Ereignis noch via Satellit beiwohnen, wobei an den jeweiligen Wohnstätten überall im Himmel die nötige Übertragungstechnik vorhanden ist.

### Der Vater betritt den Saal, wenn die Trompete erschallt

Beim Schall der Trompete treten zunächst viele Erzengel, die Gott, den Vater, eskortieren, ein. Ihnen folgen Seine geliebten Vorväter im Glauben. Jetzt ist alles und jeder bereit, Gott, den Vater, zu empfangen. Die Menschen werden, während sie dies beobachten, ganz neugierig, den Vater und den Herrn zu sehen und richten ihre Augen nach vorne.

Schließlich kommt Gott, der Vater, mit Seiner großartigen, würdevollen und gleichzeitig sanften und heiligen Erscheinung in strahlendem und herrlichem Licht herein. Sein leicht gewelltes

183

Harr strahlt golden und aus Seinem Gesicht und dem ganzen Leibt geht ein solch helles Licht hervor, dass die Menschen nicht einmal ihre Augen richtig öffnen können.

Wenn Gott, der Vater, zum Thron kommt, verneigen die himmlischen Heerscharen, die Engel, die Propheten, die auf der Bühne gewartet haben, und alle anderen Menschen ihre Häupter in Anbetung vor Ihm. Es ist eine solche Ehre, Gott, den Vater, Schöpfer und Herrscher über alles persönlich als Geschöpf sehen zu dürfen. Wie fröhlich und emotionsgeladen dies sein wird! Allerdings können nicht alle Gäste Ihn sehen. Die Menschen aus dem Paradies, dem ersten und dem zweiten Königreich können ihre Häupter wegen des gleißend hellen Lichtes nicht erheben. Sie vergießen einfach Freudentränen und sind voller dankbarer Gefühle, weil es ihnen gestattet wurde, an diesem Festmahl teilzunehmen.

### Der Herr stellt die Ehrengäste vor

Nachdem sich Gott, der Vater, auf Seinen Thron gesetzt hat, tritt der Herr, begleitet von einem schönen, eleganten Erzengel ein. Er trägt einen großen, strahlenden Siegeskranz und einen langen, weiß schimmernden Umhang. Er sieht würdig und stattlich aus. Der Herr verneigt sich aus Höflichkeit zuerst vor Gott, dem Vater, bevor er die Anbetung der Engel, Propheten und aller anderen Menschen empfängt und sie daraufhin anlächelt. Gott, der Vater, ist auf seinem Thron sitzend hocherfreut darüber, all die Menschen zu betrachten, die dem Festmahl beiwohnen.

Der Herr geht an ein Podium und stellt die Ehrengäste des ersten Festmahls vor. Er berichtet in allen Einzelheiten über ihren Dienst, der mit dazu beigetragen hat, dass das Kapitel der Menschheitsgeschichte zu Ende geschrieben werden konnte.

Manche der Menschen, die am Bankett teilnehmen, fragen sich noch, um wen es sich handelt, während andere, die es schon wissen, voller Erwartung sind und dem Herrn ihre ganze Aufmerksamkeit schenken.

Der Herr schließt Seine Bemerkungen mit Worten darüber, wie sehr dieser oder jener Mann Gott, den Vater, geliebt und wie sehr er versucht hat, Seelen zu retten – und wie er den Willen Gottes vollkommen erfüllte. An dieser Stelle ist Gott, der Vater, ganz von Freude überwältigt. Er steht auf und heißt den Ehrengast beim ersten Festmahl willkommen – wie ein Vater, der seinen erfolgreich heimkehrenden Sohn oder ein König, der einen siegreichen General begrüßt. Im Festsaal, wo alle voller Erwartung erbeben, erschallt die Trompete noch einmal und dann tritt der strahlende Ehrengast ein.

Er trägt einen großen, prächtigen Siegeskranz und – wie der Herr – einen langen weißen Umhang. Er sieht ebenfalls sehr würdevoll aus, aber die Menschen können Seine Sanftmut und Barmherzigkeit an Seinem Gesicht ablesen, das Gott, dem Vater, ähnlich sieht.

### Ich stelle euch Meinen lieben Sohn vor

Wenn der Ehregast des ersten Festmahls eintritt, erheben sich die Menschen und beginnen zu jubilieren, indem sie ihre Hände erheben, als wollten sie eine Welle bilden. Sie drehen sich um, freuen sich und umarmen einander. Wenn beispielsweise bei der Fußballweltmeisterschaft der Ball den Torwart passiert und den Sieg bringt, freuen sich sowohl die Menschen des siegreichen Landes im Stadion wie auch die Fernsehzuschauer; sie jubeln und umarmen einander, klatschen in die Hände und so weiter. So wird dann auch der Festsaal im neuen Jerusalem voller Jubel und

Freudenrufe sein.

Derjenige, der vom Herrn vorgestellt wird, geht zunächst zum Vater, um Ihn respektvoll zu begrüßen. Gott, der Vater, umarmt die Person und danach umarmt der Herr ihn.

Dann sagt Gott, der Vater: „Ich stelle dir meinen lieben Sohn vor" und stellt den Ehrengast beim ersten Festmahl noch einmal vor. In diesem Augenblick verneigen sich nicht nur die Menschen im Festsaal, sondern auch alle anderen Menschen, die dem Bankett über Leinwände beiwohnen, ihre Häupter in Anbetung.

Gott, der Vater, setzt sich daraufhin wieder auf den Thron und der Herr sowie der Ehrengast setzen sich ebenfalls auf ihren Thron. Nun sind die Augen aller Menschen wieder auf Ihn gerichtet. Während Gott, der Vater, Ihn mit einem ganz und gar zufriedenen Herzen anschaut, sagt Er zu Ihm:

Mein Sohn!
Ich bin hocherfreut und so glücklich
Seit Du zu Mir zurückgekehrt bist,
Nachdem Du die Pflicht,
die Ich Dir aufgetragen hatte, erfüllt hast.
Bleibe nun hier und sei für immer bei Mir.

**Ich bin so froh! Lasst uns ein freudiges Bankett eröffnen!**

Wenn Er dann in den mit Seinen Kindern gefüllten Raum schaut, sagt Gott, der Vater: „Ich bin so froh und begeistert. Lasst uns ein freudvolles Festmahl beginnen." Sofort wird himmlische Musik gespielt und wunderschöne Engeln führen Tänze auf und beginnen, auf der Bühne zu singen. Die musizierenden und tanzenden Engel tun dies auf wunderschöne Art und Weise zu den himmlischen Klängen. Manchmal drehen sie sich in Reigen oder anderen geometrischen Figuren oder sie hüpfen leicht auf und ab. Sie tanzen elegant zur sanften Musik und auf liebliche Weise zu freudvoller Musik.

Selbst hier auf der Erde sind Menschen voller Ehrfurcht für schöne Aufführungen wie in der Carnegie Hall in New York oder in der Oper von Sydney. Können Sie sich vorstellen, wie viel schöner und anrührender die Aufführungen, besonders die beim ersten Bankett, das Gott gibt, sein werden?

Diejenigen, die am ersten Festmahl im neuen Jerusalem teilnehmen, werden von den Engeln bedient. Sie sitzen an runden Tischen mit ihren Brüdern und Schwestern im Glauben, mit denen sie auf der Erde zusammengearbeitet haben. Sie führen angenehme Unterhaltungen, genießen ihre Getränke oder treffen auf ihre Vorväter im Glauben, denen sie schon seit langer Zeit begegnen wollten. Außerdem gibt es während der Aufführungen eine besondere Zeit von emotionsgeladenem Lobpreis und von Tänzen derer, die mit dem Ehrengast auf dieser Erde zusammengearbeitet hatten.

Diese Feier ist eine Überraschung, die Gott, der Vater, vorbereitet hat, so dass alle – der Herr, der Ehrengast und alle Besucher des Banketts – begeistert und hocherfreut sein werden. Genauso wird uns Gott, der die Liebe in Person ist, mit unaussprechlicher Ehre und Herrlichkeit selbst für die kleinsten Dinge, die wir auf der Erde getan haben, belohnen. Der Himmel, den Gott selbst für uns vorbereitet hat, ist einfach herrlich.

## Propheten ersten Ranges im Himmel

Was genau müssen wir denn tun, um Bewohner des neuen Jerusalem zu werden und um am ersten Bankett teilnehmen zu können? Wir müssen nicht nur Jesus Christus annehmen und den Heiligen Geist als Geschenk empfangen, sondern auch die neunfache Frucht des Heiligen Geistes tragen und Gottes Herz widerspiegeln, welches so klar und schön wie Kristall ist. Im Himmel entscheidet sich die Ordnung an dem Grad, in dem sich jemand geheiligt hat und das Herz Gottes reflektiert.

So ist es auch beim ersten Bankett im neuen Jerusalem so, dass selbst die Propheten entsprechend der himmlischen Hierarchie hineingehen, wenn Gott, der Vater, in den Saal tritt. Die höher angesiedelten Propheten und andere Vorväter im Glauben zählen zur ersten Riege. Deshalb dürfen sie auch nahe am Thron Gottes stehen. Die Ordnung im Himmel beruht auf einer Hierarchie. So wissen wir, dass wir Gottes Herz widerspiegeln müssen, um näher an Seinem Thron sein zu können.

Lassen Sie uns nun am Beispiel der Propheten der ersten Riege im Himmel die Art von Herzen betrachten, die klar und schön wie Kristall sind, so wie das Herz Gottes. Lassen Sie uns sehen, wie wir ein solches Herz voll und ganz reflektieren können.

### Elia wurde entrückt, ohne den Tod zu sehen

Von allen Menschen, die auf der Erde gelebt haben, ist Elia der hochrangigste. In der Bibel können Sie sehen, dass jeder Aspekt von Elias Leben vom lebendigen und einzig wahren Gott zeugte. Er war ein Prophet zu Zeiten von König Ahab – und zwar im Nordreich Israels, wo Götzendienst vorherrschte. Er konfrontierte 850 Propheten, die Götzendiener waren und rief Feuer vom Himmel herab. Elia sorgte nach dreieinhalb Jahren Dürre auch für Regen.

*Elia war ein Mensch von gleichen Gemütsbewegungen*

*wie wir; und er betete ernstlich, daß es nicht regnen möge, und es regnete nicht auf der Erde drei Jahre und sechs Monate. Und wieder betete er, und der Himmel gab Regen, und die Erde brachte ihre Frucht hervor* (Jakobus 5,17-18).

Außerdem reichte eine Handvoll Mehl im Topf und ein wenig Öl im Krug wegen Elia bis zum Ende der Hungersnot. Er holte den toten Sohn der Witwe zurück ins Leben und teilte den Jordan. Am Ende fuhr Elia im Sturmwind auf zum Himmel (2. Könige 2,11).

Warum konnte Elia, der ein Mensch war wie wir, diese mächtigen Werke Gottes tun und sogar den Tod umgehen? Er schaffte es durch die vielen Prüfungen in seinem Leben, ein Herz zu entwickeln, dass so rein und schön wie Kristall war und Gott reflektierte. Elia setzte sein ganzes Vertrauen auf Gott – in jeder Situation – und er gehorchte Ihm allezeit.

Auf den Befehl Gottes hin ging Elia zu König Ahab, der den Propheten umbringen wollte; dort erklärte Elia König Ahab vor unzähligen anderen Menschen, dass Gott der einzig wahre Gott war. Darum und auf diese Weise empfing er göttliche Kraft und zeigte die großen Werke Gottes ganz mächtig. Dadurch verherrlichte er Ihn und nun kann er sich auch in Ewigkeit über Ehre und Herrlichkeit freuen können.

### Henoch wandelte 300 Jahre lang mit Gott

Wie sieht es im Falle von Henoch aus? Wie Elia wurde auch Henoch in den Himmel enthoben, ohne den Tod zu schmecken. Obwohl die Bibel nicht viel über ihn zu sagen hat, können wir dennoch nachvollziehen, wie sehr er das Herz Gottes widergespiegelt haben muss.

> *Und Henoch lebte 65 Jahre und zeugte Metuschelach.*
> *Und Henoch wandelte mit Gott, nachdem er*
> *Metuschelach gezeugt hatte, 300 Jahre und zeugte*
> *Söhne und Töchter. Und alle Tage Henochs betrugen*
> *365 Jahre. Und Henoch wandelte mit Gott; und er war*
> *nicht mehr da, denn Gott nahm ihn hinweg* (1. Mose
> 5,21-24).

Henoch fing im Alter von 65 Jahren an, mit Gott zu wandeln. In Gottes Augen war er angenehm, denn er spiegelte Sein Herz wieder. Gott kommunizierte mit ihm sehr intensiv, wandelte 300 Jahre mit ihm und holte ihn lebendig heim an einen Ort ganz in Seiner Nähe. An dieser Stelle bedeutet „mit Gott wandeln", dass Gott mit einer bestimmten Person in jeder Situation war – so war Gott drei Jahrhunderte lang bei Henoch, egal, wohin dieser sich begab.

Wenn Sie eine Reise unternehmen sollten, mit wem würden Sie das gerne tun? Es würde eine angenehme Reise sein, wenn Sie mit jemandem unterwegs wären, mit dem Sie das teilen könnten, was Sie im Herzen hätten. So wissen wir auch, dass Henoch im Herzen eins mit Gott gewesen sein muss und so mit Gott wandeln konnte.

Da Gott Licht, Güte und Liebe in Person ist, dürfen wir keinerlei Finsternis in uns haben, wenn wir mit Gott wandeln wollen, sondern müssen mit Güte und Liebe überfließen. Henoch bewahrte sich einen heiligen Lebenswandel, obwohl er in einer sündigen Welt lebte und er brachte den Menschen Gottes Willen nahe (Judas 1,14). Die Bibel berichtet nicht, dass er irgendetwas Großartiges getan oder eine besondere Pflicht erfüllt hätte.

Dennoch nahm Gott ihn zu sich und holte ihn rasch in Seine Nähe. Warum? Weil Henoch aus tiefstem Herzen Ehrfurcht vor Ihm hatte und ein heiliges Leben führte, um mit Ihm wandeln zu können.

So steht auch in Hebräer 11,5: „*Durch Glauben wurde Henoch entrückt, so daß er den Tod nicht sah, und er wurde nicht gefunden, weil Gott ihn entrückt hatte; denn vor der Entrückung hat er das Zeugnis gehabt, daß er Gott wohlgefallen habe.*" Henoch, der diesen Glauben hatte, der Gott gut gefiel, durfte den Segen erleben, immer mit Gott wandeln zu können. Später wurde er in den Himmel entrückt, ohne den Tod zu sehen und bekam im Himmel den zweihöchsten Rang verliehen.

### Abraham wurde als Freund Gotte bezeichnet

Was für ein schönes Herz muss Abraham, der als Freund Gottes bezeichnet wurde und im Himmel Rang drei einnimmt, gehabt haben?

Abraham vertraute Gott ganz und gar und gehorchte Ihm vollkommen. Als er seine Heimat auf Gottes Befehl hin verließ, wusste er noch nicht einmal die Richtung. Doch im Gehorsam verließ er seine Heimatstadt und seine wirtschaftliche Grundlage. Außerdem gehorchte er sofort, als er den Befehl erhielt, seinen Sohn Isaak, der geboren wurde, als Abraham 100 Jahre alt war, als Brandopfer darzubringen. Er vertraute Gott, der gütig und allmächtig ist und der die Toten auferwecken kann.

Abraham war auch nicht selbstsüchtig. Als beispielsweise sein Neffe Lot und er so viel besaßen, dass sie nicht zusammenbleiben konnten, überließ Abraham Lot die Entscheidung und sagte:

*„ Willst du nach links, dann gehe ich nach rechts, und willst du nach rechts, dann gehe ich nach links "* (1. Mose 13,8-9).

Eines Tages rotteten sich verschiedene Könige zusammen und drangen in Sodom und Gomorra ein. Sie raubten alle Güter und Nahrungsmittel sowie Abrahams Neffen Lot, der in Sodom lebte. Daraufhin nahm Abraham 318 Männer, die in seinem Haushalt geboren und ausgebildet worden waren, und folgte den Königen. Er brachte alle Güter und Nahrungsmittel wieder zurück. Der König von Sodom wollte Abraham etwas von den zurück gewonnenen Gütern als Zeichen seiner Dankbarkeit schenken. Doch er lehnte ab. Abraham tat dies, um zu beweisen, dass sein Segen von Gott allein kam. So gehorchte auch Abraham Gott zu dessen Verherrlichung mit einem Herzen, das so rein und schön wie Kristall war. Darum segnete Gott ihn auch sowohl auf dieser Welt als auch im Himmel über alle Maßen.

### Mose, der Anführer des Auszugs aus Ägypten

Was für eine Art Herz hatte Mose, der das Volk aus Ägypten herausführte, dass er im Himmel auf Rang vier platziert wurden? In 4. Mose 12,3 lesen wir: *„ Der Mann Mose aber war sehr demütig, mehr als alle Menschen, die auf dem Erdboden waren. "*

In Judas gibt es eine Stelle, in der der Erzengel Michael mit dem Teufel über den Leib von Mose streitet. Dies geschah, weil Mose die Qualifikation dafür hatte, in den Himmel entrückt zu werden, ohne den Tod zu schmecken. Als Mose ein Oberster in Ägypten war, hatte er einen Ägypter getötet, der einen Juden verprügelt hatte. Deswegen behauptete der Teufel, dass Mose doch sterben müsse.

Doch der Erzengel Michael stritt mit dem Teufel und erklärte,

Mose hätte alle Sünden und alles Böse abgelegt und habe die Qualifikation dafür, entrückt zu werden. In Matthäus 17 lesen wir, dass Mose und Elia aus dem Himmel herabkamen und eine Unterhaltung mit Jesus führten. Aus diesen Tatsachen können wir ablesen, was mit dem Leib von Mose geschah.

Mose hatte aus dem Palast des Pharaos fliehen müssen, weil er einen Mord begangen hatte. Danach hütete er für 40 Jahre in der Wüste Schafe. Durch die Prüfungen in der Wüste, zerstörte Mose all seinen Stolz, seine Herzenswünsche und seine eigene Gerechtigkeit, die er im Palast des Pharaos gehabt hatte. Erst danach übertrug ihm Gott die Aufgabe, die Israeliten aus Ägypten herauszuführen.

Dann musste Mose, der einst jemanden getötet hatte und geflohen war, wieder zum Pharao zurückkehren und die Israeliten, die 400 Jahre lang Sklaven gewesen waren, herausholen. Nach menschlichem Ermessen war das unmöglich, aber Mose gehorchte Gott und ging zum Pharao. Nicht jeder hätte zum Anführer gewählt werden können, um Millionen von Israeliten aus Ägypten herauszuholen und ins Land Kanaan zu bringen. Darum läuterte Gott Mose auch erst einmal für 40 Jahren in der Wüste und machte ihn zu einem großartigen Gefäß, das alle Israeliten ins Herz schließen, aber ihnen auch widerstehen konnte. Auf diese Weise wurde Mose zu jemandem, der Gehorsam sein konnte bis zum Tod – durch Prüfungen – und der seine Pflicht erfüllen würde, indem er den Auszug aus Ägypten anführte. Wir können anhand der Bibel rasch sehen, was für ein großartiger Mensch Mose war.

*Darauf kehrte Mose zum HERRN zurück und sagte:*
*Ach, dieses Volk hat eine große Sünde begangen: sie*
*haben sich einen Gott aus Gold gemacht. Und nun,*

*wenn du doch ihre Sünde vergeben wolltest! Wenn aber*
*nicht, so lösche mich denn aus deinem Buch, das du*
*geschrieben hast, aus* (2. Mose 32,31-32).

Mose wusste sehr wohl, dass das Auslöschen seines Namens
aus dem Buch des Herrn mehr als bloß seinen physischen Tod
bedeutet hätte. Er wusste, dass die, deren Namen nicht im Buch
des Lebens geschrieben stehen, in das Feuer der Hölle geworfen
werden, was den ewigen Tod und ewiges Leiden bedeutet. Doch
Mose war bereit, den ewigen Tod auf sich zu nehmen, um die
Vergebung der Sünden der Menschen zu erwirken.

Was muss Gott wohl gefühlt haben, als Er auf Mose schaute?
Gott hatte soviel Wohlgefallen an ihm, weil er das Herz Gottes
sehr gut verstand, ein Herz, das Sünde hasst und dennoch Sünder
retten will. Gott erhörte sein Gebet. Er erachtete Mose selbst als
wertvoller, als alle Israeliten, weil er ein Herz hatte, das in Gottes
Augen gerecht und so rein und klar war wie das Wasser des
Lebens, das aus Seinem Thron hervorgeht.

Wenn Sie einerseits einen reinen, makellosen Diamanten
von der Größe einer Bohne und zum anderen hunderte von
faustgroßen Steinen hätten, was wäre Ihrer Meinung nach
wertvoller? Niemand würde einen Diamanten gegen gewöhnliche
Steine tauschen.

Da wir hier den Wert von Mose gesehen haben, der das
Herz Gottes reflektierte und kostbarer als alle anderen Israeliten
zusammen war, sollten wir uns nach einem Herzen ausstrecken,
das so rein und schön wie Kristall ist.

### Paulus, der Apostel der Heiden

An fünfter Stelle im Himmel steht der Apostel Paulus, der

sein Leben der Evangelisation unter den Heiden widmete. Obwohl er bis zum Tod dem Königreich Gottes gegenüber voller Leidenschaft treu war, spürte er in einem Winkel seines Herzens immer eine gewisse Trauer, weil er die Anhänger Jesu Christi verfolgt hatte, bevor er den Herrn annahm. Darum bekannte er in 1. Korinther 15,9: *„Denn ich bin der geringste der Apostel, der ich nicht würdig bin, ein Apostel genannt zu werden, weil ich die Gemeinde Gottes verfolgt habe."*

Doch weil er ein so gutes Gefäß war, wählte Gott ihn, läuterte ihn und benutzte ihn als Apostel für die Nationen. Ab Vers 23 im 2. Korinther wird in vielen Einzelheiten beschrieben, wie er für das Predigen des Evangeliums leiden musste. Und wir sehen, dass er so viel erlitt, dass er sogar fast am Leben selbst verzweifelte. Er wurde oft ausgepeitscht und ins Gefängnis geworfen. Fünf Mal bekam er vierzig Streiche weniger einen, dreimal wurde er mit Ruten geschlagen, einmal gesteinigt, er erlitt dreimal Schiffbruch, brachte einen Tag und eine Nacht in Seenot zu, schlief oft nicht, kannte Hunger und Tod, fastete oft, litt Kälte und Blöße (2. Korinther 11,23-27).

Paulus musste so viel leiden, dass er in 1. Korinther 4,9 bekannte: *„Denn mir scheint, daß Gott uns, die Apostel, als die Letzten hingestellt hat, wie zum Tod bestimmt; denn wir sind der Welt ein Schauspiel geworden, sowohl Engeln als Menschen."*

Warum ließ Gott so viele Schwierigkeiten und eine solche Verfolgung zu, wo Paulus doch bis zum Tod treu war? Gott hätte Paulus von all den Schwierigkeiten bewahren können, doch Er wollte, dass er durch diese Herausforderungen ein Herz entwickeln würde, dass so rein und schön wie Kristall war. Der Apostel Paulus konnte allein in Gott Trost und Freude finden, sich selbst total verleugnen und die Gestalt Jesu ganz und gar annehmen. So bekannte er im 2. Korinther 11,28: *„[A]ußer dem übrigen [noch] das, was täglich auf mich eindringt: die Sorge um alle Gemeinden."*

In Römer 9,3 bekannte er: *„[D]enn ich selbst, ich habe gewünscht, verflucht zu sein von Christus weg für meine Brüder, meine Verwandten nach dem Fleisch."* Paulus, der solch ein Herz hatte – rein und schön wie Kristall – kann nicht nur ins neue Jerusalem kommen, sondern auch nahe am Thron Gottes verweilen.

## Schöne Frauen – in den Augen Gottes

Wir haben uns das Festmahl im neuen Jerusalem schon angeschaut. Wenn Gott, der Vater, in den Saal eintritt, folgt Ihm eine Frau. Sie dient Gott, dem Vater in einem weißen Kleid, das fast den Boden berührt und mit vielen verschiedenen Edelsteinen besetzt ist. Diese Frau ist Maria Magdalena. Wenn man in Betracht zieht, dass es eine Zeit gab, in denen die Rolle von Frauen in der Öffentlichkeit sehr eingeschränkt war, hätte sie eigentlich nicht so viel tun können, um am Königreich Gottes mitzuwirken; doch weil sie in Gottes Augen eine so schöne Frau war, darf sie sogar im Himmel an einem Ort sein, dem die größte Ehrfurcht gebührt.

Genauso wie es für die Propheten eine Rangordnung gab entsprechend dem Maße, in dem sie das Herz Gottes widerspiegelten, so gibt es auch für Frauen im Himmel eine Ordnung. Sie richtet sich nach dem Grad, in dem sie Gott anerkannt und geliebt haben.

Wie haben diese Freuen gelebt, dass sie von Gott anerkannt und geliebt wurden und im Himmel zu ehrbaren Menschen wurden?

## Maria Magdalena begegnete dem auferstandenen Herrn als Erste

Die Frau, die Gott am meisten liebt, ist Maria Magdalena. Sie war lange von den Mächten der Finsternis gebunden, andere Menschen hatten sie geschmäht und verachtet; sie litt auch an verschiedenen Krankheiten. An einem jener schwierigen Tage hatte sie etwas über Jesus gehört, ein teures parfümiertes Öl vorbereitet und war zu Ihm gegangen. Sie hörte, dass Jesus zum Haus eines Pharisäers gegangen war; auch sie ging hin. Allerdings traute sie sich nicht, vor Ihn zu treten, obwohl sie sich so sehr danach gesehnt hatte, Ihm zu begegnen. Sie trat von hinten an Ihn heran, benetzte Seine Füße mit ihren Tränen, wischte sie mit ihrem Haar ab, zerbrach das Parfümfläschchen und goss es über Ihm aus. Sie wurde durch diese Glaubenshandlung von einer schmerzhaften Krankheit befreit. Dafür war sie sehr dankbar. Von da an liebte sie Jesus noch mehr und folgte Ihm, egal wohin Er ging. Sie wurde zu einer schönen Frau, die Ihm ihr ganzes Leben weihte (Lukas 8,1-3).

Sie folgte Jesus selbst dann noch, als Er gekreuzigt wurde und Seinen letzten Atemzug nahm, obwohl sie wusste, dass es sie das Leben hätte kosten können, wenn sie dorthin ging. Maria ging über die Ebene hinaus, die empfangene Gnade zurückzahlen zu wollen. Vielmehr folgte sie Jesus und weihte Ihm alles, einschließlich ihres Lebens.

Maria Magdalena liebte Jesus sehr und war die erste Person, die dem Herrn nach Seiner Auferstehung begegnete. Sie wurde die größte Frau in der Geschichte der Menschheit, weil sie ein so gutes Herz hatte und solch gute Taten tat, dass selbst Gott davon berührt war.

## Die Jungfrau Maria war gesegnet, Jesus zu empfangen

An zweiter Stelle steht die Jungfrau Maria auf Gottes Liste der in Seinen Augen schönsten Frauen. Sie war gesegnet, weil sie Jesus empfangen durfte, der der Retter der Menschheit wurde. Vor zirka 2.000 Jahren war Jesus im Fleisch gekommen, um alle Menschen von der Sünde zu erretten. Um diesen Plan umsetzen zu können, brauchte Gott eine Frau, die in Seinen Augen dafür geeignet war. Er erwählte Maria, die zu der Zeit mit Josef verlobt war. Gott ließ es sie vorab durch den Erzengel Gabriel wissen, dass sie Jesus durch den Heiligen Geist empfangen würde. Maria ließ sich von keinem menschlichen Gedanken ablenken, sondern bekannt ihren Glauben kühn: *„[Ich bin] die Magd des Herrn; es geschehe mir nach deinem Wort. Und der Engel schied von ihr"* (Lukas 1,38).

Wenn damals eine Jungfrau schwanger wurde, wurde sie nicht nur öffentlich bloßgestellt, sondern auch dem Gesetz Mose zufolge zu Tode gesteinigt. Doch Maria glaubte tief in ihrem Herzen, dass bei Gott nichts unmöglich war und bat darum, dass alles wie angekündigt geschehen möge. Sie hatte ein Herz, das gut genug war, um dem Wort Gottes zu gehorchen, auch wenn es sie sehr wohl das Leben hätte kosten können. Wie froh und dankbar sie wohl gewesen sein muss, als sie Jesus empfangen hatte und später mit ansah, wie Er in der Kraft Gottes aufwuchs! Welch ein Segen, der da einem bloßen Geschöpf wie Marie zuteil wurde.

Darum war sie auch so glücklich, wenn sie Jesus einfach nur ansah. Sie diente Ihm und liebte Ihn mehr als ihr eigenes Leben. So wurde die Jungfrau Maria von Gott überreichlich gesegnet und in der ewigen Herrlichkeit im Himmel direkt neben Maria

Magdalena aufgenommen – noch vor allen anderen Frauen.

## Ester fürchtete nichts und wollte nur den Willen Gottes

Ester, die ihr Volk kühn durch ihren Glauben und ihre Liebe rettete, wurde eine in Gottes Augen schöne Frau und erlangte so im Himmel die ehrenwerteste Position.

Nachdem der persische König Ahasveros Königin Wasti ihrer königlichen Position enthob, wurde Ester unter den schönsten Frauen auserwählt und zur neuen Königin ernannt, obwohl sie eine Jüdin war. Sie wurde vom König und vielen anderen Menschen geliebt, weil sie weder versuchte, sich aufzuspielen noch stolz war. Stattdessen schmückte sie sich mit Reinheit und Eleganz, obwohl sie ohnehin bereits sehr schön war.

Während sie die königliche Position innehatte, erlebten die Juden eine große Krise. Der Agagiter Haman, der in der Gunst des Königs stand, war wütend, als ein Jude Namens Mordechai nicht vor ihm auf die Knie ging und ihm weder respektierte noch ehrte. So ersann er eine Intrige, um alle Juden in Persien zu zerstören und erhielt vom König die Erlaubnis dafür.

Ester fastete drei Tage lang für ihr Volk und beschloss, danach vor den König zu treten (Ester 4,16). Den Gesetzen der Perser zu jener Zeit zufolge konnte jeder, der ohne vom König gerufen worden zu sein, vor ihn trat, getötet werden – es sei denn der König streckte ihm oder ihr sein goldenes Zepter entgegen. Nach einem dreitägigen Fasten verließ sich Ester auf Gott und trat vor den König, nachdem sie beschlossen hatte: „Und wenn ich umkomme, so komme ich um!" Weil Gott eingriff, wurde Haman, der die Intrige ersonnen hatte, getötet. Ester rettete nicht nur ihr Volk, sondern wurde dafür von ihrem König um so mehr geliebt.

So wurde auch Ester als eine schöne Frau anerkannt und erlangte im Himmel eine herrliche Position, denn sie war stark in der Wahrheit und besaß den Mut, ihr eigenes Leben zu opfern, wenn dies dem Willen Gottes entsprach.

### Rut hatte ein schönes und gutes Herz

Lassen Sie uns nun in das Leben von Rut eintauchen, die ebenfalls als eine in Gottes Augen schöne Frau galt und zu einer der großartigsten Frauen im Himmel wurde. Was für ein Herz hatte sie und was tat sie, um Gott zu gefallen und gesegnet zu werden?

Rut, die Moabiterin, heiratete einen Israeliten, dessen Familie wegen einer Hungersnot nach Moab gezogen war. Doch sie verlor ihren Mann bald. Alle Männer in ihrer Familie starben frühzeitig, so dass sie mit ihrer Schwiegermutter Noomi und ihrer Schwägerin Orpa lebte. Noomi, um die Zukunft der Schwiegertöchter besorgt, schlug beiden vor, zu ihren Familien zurückzukehren. Orpa verließ Noomi unter Tränen, doch Rut blieb und machte folgendes emotionales Bekenntnis:

*Dringe nicht in mich, dich zu verlassen, von dir weg umzukehren! Denn wohin du gehst, dahin will auch ich gehen, und wo du bleibst, da bleibe auch ich. Dein Volk ist mein Volk, und dein Gott ist mein Gott. Wo du stirbst, da will auch ich sterben, und dort will ich begraben werden. So soll mir der HERR tun und so hinzufügen – nur der Tod soll mich und dich scheiden.*

Da Rut ein so schönes Herz hatte, dachte sie nicht an ihren eigenen Vorteil, sondern folgte der Güte, obwohl ihr das hätte schaden können. Sie tat ihre Pflicht, das heißt, sie diente ihrer Schwiegermutter treu und voller Freude.

Rut diente ihrer Schwiegermutter auf eine wunderbare Art und Weise. Das ganze Dorf erfuhr von Ruts Treue und jeder liebte sie. Schließlich heiratete sie mit Hilfe ihrer Schwiegermutter einen Mann namens Boaz, den so genannten Löser. Sie gebar einen Sohn und wurde die Urgroßmutter von König Davit (Rut 4,13-17). Außerdem war Rut gesegnet, weil sie in der Ahnenreihe von Jesus auftaucht, obwohl sie eine Heidin war (Matthäus 1,5-6), und sie wurde im Himmel zu einer der schönsten Frauen gleich neben Ester.

## Maria Magdalena bleibt in der Nähe von Gottes Thron

Warum lässt uns Gott überhaupt etwas über das erste Festmahl im neuen Jerusalem und über die Hierarchie der Propheten und Frauen erfahren? Gott, der die Liebe in Person ist, will nicht nur, dass alle Menschen die Errettung erlangen und das Königreich des Himmels erreichen, sondern auch, dass sie Sein Herz reflektieren, damit sie im neuen Jerusalem in der Nähe Seines Thrones verweilen können.

Um der Ehre teilhaftig zu werden, im neuen Jerusalem nahe am Thron Gottes zu sein, müssen unsere Herzen Sein Herz, das so rein und schön wie Kristall ist, widerspiegeln. Wir müssen ein Herz entwickeln, die so schön ist, wie die zwölf Grundfesten der Mauer im neuen Jerusalem.

Darum wollen wir uns nun das Leben von Maria Magdalena genauer anschauen, die Gott, dem Vater, dient und in der Nähe Seines Thrones verweilt. Während ich für die „Lektionen über das Evangelium nach Johannes" betete, erfuhr ich durch die Eingebung des Heiligen Geistes viele Einzelheiten über das Leben von Maria Magdalena. Gott zeigte mir, in was für eine Familie Maria Magdalena hineingeboren worden war, wie sie gelebt hatte und was für ein glückliches Leben sie führte, nachdem sie Jesus, unserem Retter, begegnet war. Ich hoffe, Sie werden ihrem schönen und guten Herzen nacheifern – ihr, die in allem die Schuld auf sich nahm. Ich bete, dass Sie ihre lebenspendende Liebe für den Herrn nachahmen, damit auch Sie die Ehre verliehen bekommen, in der Nähe von Gottes Thron bleiben zu können.

### Sie wurde in eine Familie von Götzendienern hineingeboren

Ihr Name war „Maria Magdalena", weil sie in der Ortschaft „Magdala" geboren wurde, wo Götzendienerei vorherrschte. Ihre Familie war keine Ausnahme. Aufgrund tiefer Götzendienerei lag seit Generationen ein Fluch auf ihrer Familie und es gab viele Probleme.

Maria Magdalena, bei deren Geburt die geistliche Situation wirklich schlimm war, konnte wegen einer Magenkrankheit nicht richtig essen. Sie fühlte sich meisten schwach und ihr Körper war für alle möglichen Krankheiten anfällig. Außerdem setze schon in jungen Jahren ihre Periode aus, wodurch sie als Frau eine wichtige Fähigkeit verlor. Darum blieb sie immer zu Hause und machte sich klein, als wäre sie gar nicht da. Doch obwohl sie verachtet und von den anderen Familienmitgliedern kalt behandelt wurde, beschwerte sie sich nie über sie. Stattdessen brachte sie Verständnis für sie auf und versuchte eine Kraftquelle für sie zu sein. Auch nahm alle Schuld auf sich. Als ihr klar wurde, dass sie ihren Familienmitgliedern keine Kraft geben konnte und ihnen nur zur Last fiel, verließ sie die Familie. Dies geschah nicht aus Hass oder Empörung über ihre Misshandlungen, sondern weil sie niemandem zur Last fallen wollte.

## Sie gab ihr Bestes und nahm alle Schuld auf sich

Dann traf sie einen Mann und wollte sich auf ihn verlassen, doch er war ein böser Mensch. Er bemühte sich nicht, die Familie zu ernähren, sondern verspielte das Geld lieber. Er forderte Maria Magdalena auf, ihm mehr Geld zu bringen, schrie sie oft an und schlug sie.

Maria Magdalena verdiente sich als Näherin, während sie nach einer sichereren Einkommensquelle suchte. Doch weil sie körperlich schwach war und den ganzen Tag arbeitete, wurde sie noch viel schwächer und konnte sich nur bewegen, wenn ihr jemand half. Doch obwohl sich der Mann von ihr aushalten ließ, war er ihr gegenüber nicht einmal dankbar, sondern verachtete sie und machte sie nur nieder. Maria Magdalena hasste ihn nicht, sondern hatte Mitleid mit ihm, da sie ihm auf Grund ihrer körperlichen Schwäche nicht mehr helfen konnte. Sie dachte, seine Misshandlungen seien begründet.

Verlassen von Eltern, Brüdern und jenem Mann, befand sie sich in dieser hoffnungslosen Situation. Da kamen ihr sehr gute Nachrichten zu Ohren. Sie hörte Dinge über Jesus, der Wunder wirkte, indem Er beispielsweise die Blinden sehend und die Stummen sprechend machte. Als Maria Magdalena all dies hörte, hegte sie keinerlei Zweifel in Bezug auf diese Zeichen und Wunder, die Jesus tat, denn ihr Herz war gut. Stattdessen brachte sie den Glauben auf, dass ihre Schwäche und ihre Krankheiten geheilt würden, wenn sie Jesus begegnen würde.

Voller Glauben sehnte sie sich danach, Jesus zu treffen.

Schließlich erfuhr sie, dass Jesus in ihr Dorf gekommen war und dass Er im Hause eines Pharisäers namens Simon weilte.

### Im Glauben vergossenes Parfüm

Maria Magdalena war so glücklich, dass sie ein Parfüm mit dem Geld kaufte, das sie durch ihre Handarbeiten verdient hatte. Welche Emotionen sie erfüllt haben müssen, als sie Jesus begegnete, kann nicht in Worte gefasst werden.

Die Leute versuchten, sie auf Grund ihrer schäbigen Kleidung davon abzuhalten, zu Jesus vorzudringen. Doch niemand konnte ihre Leidenschaft stoppen. Obwohl die Menschen sie nur mit bösen Blicken würdigten, trat Maria Magdalena zu Jesus und vergoss endlose Tränen, als sie Seine sanftmütige Person betrachtete.

Sie traute sich zwar nicht, vor Jesus zu treten, aber sie nahte sich Ihm von hinten. Als sich zu Seinen Füßen hinkniete, vergoss sie sogar noch mehr Tränen und benetzte damit seine Füße. Dann wischte sie sie mit ihrem Haar ab, zerbrach das Gefäß mit dem Salböl und goss es über Seine Füße, weil Er ihr so kostbar war.

Da Maria Magdalena mit einer solchen Ernsthaftigkeit zu Jesus kam, wurden nicht nur ihre Sünden vergeben. Es gab auch eine wundersame Heilung, die sie von allen inneren Krankheiten und auch von ihrer Hautkrankheit freisetzten. Alle ihre Organe fingen an, normal zu funktionieren und ihre Periode setzte wieder ein. Auf ihrem Gesicht, das auf Grund ihrer vielen Krankheiten schlimm ausgesehen hatte, zeichneten sich Freude und Glück ab und ihr Leib, der sehr schwach gewesen war, wurde gesund. Sie fand ihren Wert als Frau wieder und war nicht mehr von den Mächten der Finsternis gebunden.

## Jesus bis zum Ende folgen

Maria Magdalena erlebte etwas, für das sie noch dankbarer war, als für die Heilung, nämlich die Tatsache, dass sie einer Person begegnete, die ihr überfließende Liebe schenkte, die sie noch nie zuvor von irgendjemandem bekommen hatte. Von jenem Zeitpunkt an widmete sie all ihre Zeit und Leidenschaft Jesus – und zwar voller Freude und Dankbarkeit. Weil ihre Gesundheit wieder hergestellt worden war, konnte sie Jesus durch ihre Handarbeiten und andere Dinge finanziell unterstützen und folgte Ihm von ganzem Herzen.

Maria Magdalena folgte Jesus nicht nur nach, während er Zeichen und Wunder wirkte und das Leben von vielen Menschen durch Seine mächtigen Botschaften veränderte, sondern war auch bei Ihm, als Er unter den römischen Soldaten leiden musste und das Kreuz auf sich nahm. Selbst als Jesus am Kreuz hing, war sie vor Ort. Obwohl es sie das Leben hätte kosten können, dort zu sein, ging Maria Magdalena hinauf nach Golgatha, um Jesus, der das Kreuz trug zu folgen.

Was muss sie wohl gefühlt haben, als Jesus, den sie so sehr liebte, solche Schmerzen erleiden und Blut und Wasser schwitzen musste?

Herr, was soll ich tun, was soll ich tun?
Herr, wie kann ich jetzt weiterleben?
Wie kann ich ohne Dich weiterleben, Herr?

...

Wenn ich nur Dein Blutvergießen auf mich nehmen könnte, wenn ich nur die Schmerzen, die Du leidest aufnehmen könnte.

...

Herr, ich kann nicht ohne Dich leben.
Ich kann nicht weiterleben, wenn ich nicht bei Dir sein kann.

Maria Magdalena wandte ihre Augen nicht von Jesus, solange Er noch atmete und versuchte, das Leuchten in Seinen Augen und auf Seinem Gesicht, tief in ihrem Herzen einzugravieren. Sie betrachtete Jesus also bis zu Seinem letzten Atemzug und folgte dann Joseph von Arimathäa, der den Leib Jesu in das Grabmahl legte.

## Die Begegnung mit dem auferstandenen Herrn bei Tagesanbruch

Maria Magdalena wartete darauf, dass der Sabbat zu Ende ging. Bei Sonnenaufgang am ersten Tag nach dem Sabbat ging sie zur Gruft, um Salböl über dem Leib Jesu auszugießen. Doch sie konnte Seinen Leib nicht finden. Sie war darüber sehr, sehr traurig und weinte. Dann erschien ihr der Auferstandene. So hatte sie vor allen anderen die Ehre, dem auferstandenen Herrn zu begegnen.

Auch nachdem Jesus am Kreuz gestorben war, konnte sie dies kaum glauben. Jesus war ihr ein und alles. Sie liebte Ihn so sehr. Wie glücklich muss sie wohl gewesen sein, dem Auferstandenen in dieser Situation zu sehen! Überwältigt von ihren Gefühlen, konnte sie nicht aufhören zu weinen. Zunächst erkannte sie den Herrn nicht, aber als Er mit Seiner sanften Stimme „Maria" sagte, erkannte sie Ihn. In Johannes 20,17 sagt der auferstandene Herr zu ihr: *„ Rühre mich nicht an, denn ich bin noch nicht aufgefahren zum Vater. Geh aber hin zu meinen Brüdern und sprich zu ihnen: Ich fahre auf zu meinem Vater und eurem Vater und zu meinem Gott und eurem Gott. "* Weil der Herr Maria Magdalena ebenfalls sehr liebte, zeigte Er sich ihr, bevor Er nach Seiner Auferstehung zum Vater ging.

### Verkündigung der Nachricht von Jesu Auferstehung

Können Sie sich vorstellen, wie unbeschreiblich froh Maria Magdalena gewesen sein muss, als sie dem Herrn, den sie so sehr liebte, begegnete? Sie erklärte, dass sie für immer mit dem Herrn zusammen sein wollte. Der Herr kannte ihr Herz, musste ihr aber erklären, dass sie zu diesem Zeitpunkt nicht bei Ihm bleiben beziehungsweise mit Ihm gehen konnte. Er übertrug ihre eine Aufgabe. Sie sollte den Jüngern die Botschaft Seiner Auferstehung übermitteln. Deren Gedanken mussten erst einmal zur Ruhe kommen und brauchten nach dem Schock von Jesu Kreuzigung Trost.

In Johannes 20,18 lesen wir: *„ Maria Magdalena kommt und verkündet den Jüngern, daß sie den Herrn gesehen und er dies zu ihr gesagt habe. "* Die Tatsache, dass Maria Magdalena dem Auferstandenen vor allen anderen sah und den Jüngern diese Neuigkeit übermitteln sollte, war kein Zufall. Vielmehr war es ein Ergebnis ihrer Hingabe und ihres Dienstes für den Herrn, den sie mit einer leidenschaftlichen Liebe tat.

Wenn Pilatus gefragt hätte, ob sich jemand an Jesu Stelle hätte kreuzigen lassen, wäre sie die erste gewesen, die sich dafür gemeldet und „Ja" gesagt hätte. Maria Magdalena liebte Jesus mehr als ihr eigenes Leben und diente Ihm voller Hingabe.

### Die Ehre, Gott, dem Vater, zu dienen

Gott hatte großen Wohlgefallen an Maria Magdalena, denn sie hatte ein gutes Herz, ohne jede Boshaftigkeit. Sie hatte die vollkommene geistliche Liebe erlangt. Maria Magdalenas Liebe für Jesus war unveränderlich und wahrhaftig und zwar seitdem sie Ihm zum ersten Mal begegnet war. Gott, der Vater, der ihr gutes und schönes Herz empfing, wollte sie gerne in Seiner Nähe haben, um das gute, liebliche Aroma ihres Herzens wahrnehmen zu können. Darum gestattete Er, als es soweit war, dass Maria Magdalena den herrlichen Segen, Ihm zu dienen, ja sogar Seinen Thron berühren zu dürfen.

Der größte Wunsch von Gott, dem Vater, ist es, echte Kinder zu haben, die in Ewigkeit Seine Liebe mit ihm teilen können. Darum plante Er die Geschichte der Menschheit, teilte sich selbst in einen dreieinigen Gott. Er wartet und harrt seit einer sehr, sehr langen Zeit mit den Menschen auf Erden aus.

Wenn die Wohnstätten im Himmel alle fertig sind, wird der Herr in der Luft erscheinen und das Hochzeitsmahl mit Seiner Braut halten. Dann wird Er ihr erlauben, mit Ihm zusammen für eintausend Jahre zu regieren, bevor Er sie an ihre himmlischen Wohnstätten führt. Wir werden mit dem dreieinigen Gott in Ewigkeit im höchsten Glück und in größter Freude leben – im Himmel, der so klar, rein und schön wie Kristall und mit Gottes Herrlichkeit erfüllt ist. Wie froh werden diejenigen sein, die ins neue Jerusalem kommen, wo sie Gott von Angesicht zu Angesicht treffen und für immer bei Ihm sein können!

Vor zweitausend Jahren fragte Jesus: *„Doch wird wohl der Sohn des Menschen, wenn er kommt, den Glauben finden auf* *der Erde?"* Es ist heutzutage sehr schwer, wahren Glauben zu finden.

Der Apostel Paulus, der der führende Missionar unter den Heiden war und ihnen das Evangelium predigte, schrieb kurz vor seinen Tod einen Brief an Timotheus, seinen geistlichen Sohn, der selbst unter ketzerischen Spaltungen und unter Verfolgung als Christ litt.

*Ich bezeuge ernstlich vor Gott und Christus Jesus, der Lebende und Tote richten wird, und bei seiner Erscheinung und seinem Reich: Predige das Wort, stehe bereit zu gelegener und ungelegener Zeit; überführe, strafe, ermahne mit aller Langmut und Lehre. Denn es wird eine Zeit sein, da sie die gesunde Lehre nicht ertragen, sondern nach ihren eigenen Lüsten sich selbst Lehrer aufhäufen werden, weil es ihnen in den Ohren kitzelt; und sie werden die Ohren von der Wahrheit abkehren und sich zu den Fabeln hinwenden. Du aber sei nüchtern in allem, ertrage Leid, tu das Werk eines Evangelisten, vollbringe deinen Dienst! Denn ich werde schon als Trankopfer gesprengt, und die Zeit meines Abscheidens steht bevor. Ich habe den guten Kampf gekämpft, ich habe den Lauf vollendet, ich habe den Glauben bewahrt; fortan liegt mir bereit der Siegeskranz der Gerechtigkeit, den der Herr, der gerechte Richter, mir zur Vergeltung geben wird an jenem Tag: nicht allein aber mir, sondern auch allen, die seine Erscheinung lieben* (2. Timotheus 4,1-8).

Wenn Sie Ihre Hoffnung auf den Himmel setzen und sich nach dem Erscheinen des Herrn sehnen, müssen Sie versuchen, nach dem Wort Gottes zu leben und den guten Kampf des Glaubens kämpfen. Der Apostel Paulus freute sich immer, obwohl er bei der Verbreitung der Guten Nachricht so viel erleiden musste.

So müssen wir unsere Herzen heiligen und unseren Pflichten nachkommen – und zwar über das Maß dessen, was erwartet wurde, um damit Gottes Wohlgefallen zu erlangen, so dass wir für immer Seine Liebe erleben und in der Nähe Seines Thrones verweilen können.

*„Mein Herr, der du auf den Wolken der Herrlichkeit kommst,*
*ich sehne mich nach dem Tag, wo Du mich umarmen wirst!*
*Bei Deinem herrlichen Thron*
*werden wir für immer Deine Liebe teilen,*
*die wir so auf der Erde nicht erleben konnten*
*und wir werden gemeinsam an die Vergangenheit denken.*
*Oh, ich werde tanzend in das Königreich*
*der Himmel einkehren,*
*wenn der Herr mich ruft!*
*Oh, das Königreich der Himmel!"*

Der Autor
# Dr. Jaerock Lee, Pastor

Er wurde 1943 in Muan, in der südkoreanischen Provinz Jeonnam geboren. Zwischen seinem zwanzigsten und dreißigsten Lebensjahr litt er sieben Jahre lang an einer Reihe von unheilbaren Krankheiten und wartete nur noch auf seinen Tod, denn Hoffnung auf Heilung gab es nicht mehr. Eines Tages, im Frühling 1974, brachte ihn seine Schwester allerdings in eine Gemeinde und als er sich zum Gebet niederkniete, heilte ihn unser lebendiger Gott augenblicklich von all seinen Krankheiten.

Von dem Zeitpunkt an, in dem Pastor Lee dem lebendigen Gott durch diese wunderbare Erfahrung so erlebt hatte, liebte er Ihn aufrichtig von ganzem Herzen. Im Jahre 1978 wurde Dr. Lee dann zum Diener Gottes berufen. Er betete eifrig dafür, den Willen Gottes zu begreifen und Seinen Plan zu erfüllen und er gehorchte dem Worte Gottes. 1982 gründete er eine Gemeinde, die Manmin Joong-ang Church, in Seoul, Südkorea. Seither hat Gott dort in vielfältiger Weise gewirkt. In seiner Gemeinde gibt es Heilungswunder und Zeichen.

Dr. Lee wurde 1986 während der Jahreskonferenz der Jesus-Gemeinde in Sungkyul, Korea zum Pastor geweiht. Vier Jahre später, 1990, begann man mit der Ausstrahlung seiner Predigten durch die *Far East Broadcasting Company,* die *Asia Broadcast Station* und den christlichen Sender *Washington Christian Radio System.* Die Sendungen werden in Australien, Russland, auf den Philippinen und an vielen anderen Orten empfangen.

Drei Jahre später, also 1993, wurde die Manmin Joong-ang-Gemeinde zum einen von der US-amerikanischen Zeitschrift *Christian World* zu einer der „50 führenden Gemeinden der Welt" gekürt und zum anderen verlieh das *Christian Faith College* in Florida Pastor Lee den Ehrendoktortitel. 1996 erhielt er den Doktortitel vom Kingsway Theological Seminary, einer Bibelschule in Iowa in den USA.

Seit 1993 spielt Dr. Lee in der globalen Missionsarbeit eine führende Rolle. Er war auf vielen Evangelisationseinsätzen weltweit unterwegs, beispielsweise in den USA, Tansania, Argentinien, Uganda, Japan, Pakistan, Kenia, auf den Philippines, in Honduras, Indien, Russland, Deutschland, Peru und der Demokratischen Republik Kongo. Im Jahr 2002 beschrieb ihn eine führende christliche Zeitung in Korea aufgrund seines Einsatzes bei verschiedenen Evangelisationsveranstaltungen auf der ganzen Welt als „weltweiten" Pastor.

Im Mai 2013 zählte die Manmin-Gemeinde über 120.000 Mitglieder. Es gibt in Korea und überall auf dem Globus verteilt 10.000 Tochtergemeinden. Bisher sind 129 Missionare in über 23 Länder entsandt worden, wie zum Beispiel in die Vereinigten Staaten, nach Russland, Deutschland, Kanada, Japan, China, Frankreich, Indien, Kenia und viele anderen Länder.

Zur Zeit dieser Veröffentlichung hat Dr. Lee 84 Bücher geschrieben, darunter Bestseller wie *Schmecket das ewige Leben vor dem Tod, Mein Leben Mein Glaube I und II, Die Botschaft vom Kreuz, Das Maß des Glaubens, Der Himmel I und II, Die Hölle* und *Die Kraft Gottes*. Seine Werke sind in über 75 Sprachen übersetzt worden.

Seine christlichen Kolumnen erscheinen in *The Hankook Ilbo, The Chosun Ilbo, The JoongAng Daily, The Dong-A Ilbo, The Munhwa Ilbo, The Seoul Shinmun, The Kyunghyang Shinmun, The Korea Economic Daily, The Korea Herald, The Shisa News* und *The Christian Press*.

Dr. Lee leitet derzeit viele Missionsorganisationen und -vereine in folgenden Positionen: Vorsitzender der United Holiness Church of Jesus Christ, Präsident von Manmin World Mission; ständiger Präsident von The World Christianity Revival Mission Association; Gründer von Manmin TV; Gründer und Aufsichtsrat vom Global Christian Network (GCN); Gründer und Aufsichtsrat vom The World Christian Doctors Network (WCDN) und Gründer und Aufsichtsrat von der Bibelschule Manmin International Seminary (MIS).

### Der Himmel (I)

Dies ist eine detaillierte Skizzierung der atemberaubenden Umgebung, derer sich die Himmelsbewohner auf den ersten fünf Ebenen des himmlischen Königreichs erfreuen.

### Die Botschaft vom Kreuz

Eine starke Botschaft, die Menschen, die geistlich gesehen schlafen, wachrütteln soll. In diesem Buch erfahren Sie von der wahren Liebe Gottes und warum Jesus der einzige Retter ist.

### Die Hölle

Eine ernsthafte Botschaft Gottes an die gesamte Menschheit gerichtet. Gott möchte nicht, dass auch nur ein Mensch in der Hölle endet! Sie werden von der bisher noch nie gezeigten grausamen Realität vom Hades, der Hölle, erfahren.

### Schmecket das Ewige Leben vor dem Tod

Die Memoiren von Dr. Jaerock Lee mit seinem Zeugnis, wie er wiedergeboren und aus dem Tal des Todes errettet wurde und seither ein beispielhaftes Leben als Christ führt.

### Das Maß des Glaubens

Welcher himmlische Ort, welche Siegeskränze und Belohnungen stehen im Himmel bereit? Dieses Buch schenkt Ihnen Weisheit und leitet Sie, so dass Sie Ihren Glauben messen und am besten gedeihen lassen können, damit er die größtmögliche Reife erlangt.

### Wache auf, Israel

Warum ruhen die Augen Gottes seit Anbeginn der Welt bis auf den heutigen Tag auf Israel? Was hat Er für die Endzeit für diejenigen in Israel vorgesehen, die den Messias erwarten?

### Mein Leben, Mein Glaube (I) & (II)

Ein überaus reiches geistliches Aroma – gewonnen aus einem Leben, das mit der unvergleichlichen Liebe Gottes aufblühte – trotz dunkler Wellen, kalter Joche und tiefster Verzweiflung.

### Die Macht Gottes

Ein Buch, das man lesen muss. Es dient als grundlegende Richtlinie, durch die man wahren Glauben erlangen und die wunderbare Kraft Gottes erleben kann.